돈에 관해 덜 걱정하는 법
How to Worry Less about Money

How to Worry Less about Money

Copyright ⓒ John Armstrong
All rights reserved.

Korean translation copyright ⓒ 2013 by Sam & Parkers Co., Ltd.
Korean translation rights arranged with Macmillan Publishers Ltd.
through EYA(Eric Yang Agency).

이 책의 한국어판 저작권은 EYA(Eric Yang Agency)를 통해 Macmillan Publishers Ltd.와
독점계약한 '(주)쌤앤파커스'에 있습니다. 저작권법에 의하여
한국 내에서 보호를 받는 저작물이므로 무단전재와 무단복제를 금합니다.

인생학교 |돈|

돈에 관해 덜 걱정하는 법

존 암스트롱 지음 | 정미우 옮김

THE SCHOOL OF LIFE 쌤앤파커스

인생학교 |돈|
돈에 관해 덜 걱정하는 법

2013년 1월 11일 초판 1쇄 | 2024년 11월 6일 15쇄 발행

지은이 존 암스트롱 **옮긴이** 정미우
펴낸이 이원주

기획개발실 강소라, 김유경, 강동욱, 박인애, 류지혜, 이채은, 조아라, 최연서, 고정용
마케팅실 양근모, 권금숙, 양봉호, 이도경 **온라인홍보팀** 신하은, 현나래, 최혜빈
디자인실 진미나, 윤민지, 정은예 **디지털콘텐츠팀** 최은정 **해외기획팀** 우정민, 배혜림
경영지원실 홍성택, 강신우, 김현우, 이윤재 **제작팀** 이진영
펴낸곳 (주)쌤앤파커스 **출판신고** 2006년 9월 25일 제406-2006-000210호
주소 서울시 마포구 월드컵북로 396 누리꿈스퀘어 비즈니스타워 18층
전화 02-6712-9800 **팩스** 02-6712-9810 **이메일** info@smpk.kr

ⓒ 존 암스트롱(저작권자와 맺은 특약에 따라 검인을 생략합니다)
ISBN 978-89-6570-110-1 (13840)

- 이 책은 저작권법에 따라 보호받는 저작물이므로 무단전재와 무단복제를 금지하며, 이 책 내용의 전부 또는 일부를 이용하려면 반드시 저작권자와 (주)쌤앤파커스의 서면동의를 받아야 합니다.
- 잘못된 책은 구입하신 서점에서 바꿔드립니다.
- 책값은 뒤표지에 있습니다.

쌤앤파커스(Sam&Parkers)는 독자 여러분의 책에 관한 아이디어와 원고 투고를 설레는 마음으로 기다리고 있습니다. 책으로 엮기를 원하는 아이디어가 있으신 분은 이메일 book@smpk.kr로 간단한 개요와 취지, 연락처 등을 보내주세요. 머뭇거리지 말고 문을 두드리세요. 길이 열립니다.

살아가면서 부딪히는 여러 가지 문제들, 인생의 중요한 순간마다 마주하는 문제들을 어떻게 바라보고 대응해야 할까? 이제까지 배운 것이 '지식'이라면, 지금은 '지혜'를 배워야 할 때다. 인생학교는 충만하고 균형 잡힌 인생을 위해서 반드시 한 번쯤 고민해봐야 할 주제들, 섹스, 돈, 일, 정신, 세상, 시간에 관한 근원적 탐구와 철학적 사유를 제안한다. 인생의 모든 순간을 지배하는 이 6가지 핵심주제에서 뽑아낸 통찰과 지혜는 삶의 질을 높이고, 일상적 사유의 깊이를 더해줄 것이다.

'인생학교The School of Life'는 2008년 영국 런던에서 처음 문을 열었다. "배움을 다시 삶의 한가운데로!"라는 캐치프레이즈 하에 세계적인 베스트셀러 작가 알랭 드 보통을 중심으로 삶의 의미와 살아가는 기술에 대해, 그리고 인생에서 부딪히는 여러 가지 문제들에 대해 강연과 토론, 멘토링, 커뮤니티 서비스 등을 제공하는 '글로벌 프로젝트'다. 거침없는 주제의식과 본질을 꿰뚫는 독특한 관점, 지적이고 명쾌한 해답을 도출하는 강연과 토론이 특히 유명하다. 영국과 미국은 물론, 스웨덴, 네덜란드, 브라질, 오스트레일리아, 터키 등으로 퍼져나가며 진정한 '인생학교'를 갈구해왔던 세계 각국의 독자들로부터 큰 반향을 불러일으키고 있다. 알랭 드 보통은 시리즈 전체의 기획자이자 에디터가 되어 각 주제를 책으로 엮었다.

《인생학교》 나는 이렇게 읽었다

THE SCHOOL OF LIFE
IDEAS FOR LIVE BY

| 조정민 목사, 전 iMBC 대표 | 끝없는 배움의 길을 걸으며 우리는 갈등한다. 무엇을 얼마나 언제까지 배워야 하나. 속 시원히 인생길을 가리키고 가르치는 곳은 없을까.《인생학교》는 이 시대의 키워드를 중심으로 인생의 피할 수 없는 길에 분명한 이정표를 세운다. 어디서 멈추어야 지나온 길을 되돌아보고 앞길을 내다볼지를 안내한다. 인생에 길을 잃었거나 방향이 혼란스럽다면《인생학교》클래스에 함께 참여하기를 부탁드린다. 급변하는 시대의 새로운 인생 강좌, 그 여섯 개의 팻말과 강의가 궁금하지 않은가.

| 혜민 스님, 《멈추면, 비로소 보이는 것들》 저자 | 어른이 되어 인생을 살아가다 보면 왜 정작 학교에선 이런 것들을 가르쳐주지 않았을까 하는 것들이 있습니다. 예를 들어, 어떻게 하면 직장 안에서 내가 하는 일의 성과와 만족 사이에서 균형을 맞출 수 있을까? 혹은 어떻게 하면 우리가 용기를 내어 세

상을 좀 더 나은 곳으로 변화시킬 수 있을까? 살아가는 데 절대적으로 필요악이라고도 할 수 있는 돈은 과연 우리 인생에서 어떤 의미를 가지고 있을까? 이런 질문들 말입니다. 어떻게 보면 일상의 아주 평범해 보이는 주제를 비범한 시각으로 깊이 있게 다룬, '인생학교' 시리즈 책들을 여러분께 권합니다.

| **권민, 〈유니타스브랜드〉 편집장** | '인생은 어렵다'라는 것을 인정하면, 자유롭고 단순한 삶을 누릴 수 있다. 그리고 '인생은 학교다'라는 것을 깨닫게 되면, 그 즉시 겸손과 열정을 가질 수 있다. 그렇다면 인생이라는 고된 수업에서 우리는 무엇을 배워야 할까? 《인생학교》에서는 자신을 배워가는 관점을 알려준다. 무한 경쟁사회를 살고 있는 사람들의 인생은 남들과 같아지기를 혹은 남들보다 뛰어나기를 추구하고 있다. 그러나 이 시리즈에서는 '자기다움으로 남과 다른 인생을 사는 방법'을 소개하고 있다. 인생학교의 전공필수와 같은 이 여섯 권의 책들은, 심장은 뛰지만(생존하고 있지만), 가슴이 뛰지 않는(존재하지 않는) 오늘날의 현대인이 반드시 읽어야 할 심폐소생술과 같다.

인생을 위한 통찰과 지혜의 레퍼토리, 인생학교를 더욱 깊숙이 읽는 법

| 강창희, 미래에셋 부회장 겸 투자교육연구소장 | 우리 사회에서도 돈에 대한 관심의 대상이 다양화되어가고 있다. 종래에는 어떻게 하면 많이 벌 수 있을까에 대한 관심뿐이었던 것이, 몇 년 전부터는 바람직한 돈의 사용법까지도 같이 생각하는 분위기로 바뀌었다. 그리고 다시 최근에 들어서는 돈에 대한 바른 견해, 돈과 좋은 관계를 맺는 법, 돈을 통해 삶을 더 의미있게 만드는 법 등과 같은 보다 근본적인 문제로 관심의 대상이 다양화되어가고 있다. 이 책은 이와 같은 돈에 대한 질문들에 대해 명확한 답변을 주고 있다. 관심 있는 분들의 일독을 권한다.

| 김지수, 〈보그코리아〉 피처 디렉터, 《도시의 사생활》 저자 | 매혹의 금서를 읽듯, 단숨에 읽어 내려갔다. 평생 돈 걱정하는 부모 밑에서 자라, 지금도 돈 걱정이 습관이 되어버린 내게, 이 책은 자상하고 박식한 정신과의사처럼 다가왔다. 나와 돈과의 잘못된 관계를 파헤치고, 돈에 누적된 오랜 누명을 벗겨내며, 마침내 돈과 어떻게 친밀하고 대등한 관계를 맺을 수 있을 것인가가 파노라마처럼 펼쳐진다. 이 책을 읽는 사람은 횡재한 것이다. 기실 우리가 원하는 삶은 갑자기 큰돈을 버는 것보다 평생 돈 걱정하지 않고 사는 삶이 아니던가.

| 강혜목, 전 〈경향신문〉 출판국 기자, 《슈퍼월급쟁이》 저자 | 이 책을 읽는 동안 돈이 어느새 인생철학으로 옮아갔다. 나의 인생철학이 '돈'으로 변질됐다는 이야기가 아니다. 돈이라는 시작점으로부터 어떤 방법으로 인생철학을 녹여내야 하는지, 이 책의 논리적인 시선에 설득당하고 만 것이다. 돈을 향한 집착이나 걱정은 흔히 겪는 문제일 것이다. 그렇지만 가치관이나 인생관을 흔들 만큼 돈과 돈 걱정에 지배당하고 있다면 차분히 내려놓고 이 책을 필독하길 바란다. 정신적, 육체적 노동의 대가인 돈으로 정신적이고 육체적인 행복과 만족, 소유와 경험을 교환하면 되는 것이다. 욕망과 질투, 경쟁과 투쟁적 삶이 결국 돈을 더 많이 벌기 위한 것만이 아니라는 걸 알게 된다면 될 것이다. 돈 때문에 벌어진 욕망과 질투는 포기와 외면 그리고 좌절로 끝나게 마련이다. 삶이 돈의 논리만으로는 설명할 수 없는 '신성한' 영역임을 깨닫게 되는 순간, 당신도 이미 이 책에 설득당하고 말았음에 감사하게 될 것이다.

목차

Part 1
돈 걱정과 돈 문제 사이

Chap 1 문제가 아니라 걱정에 관한 고찰
얼마나, 혹은 왜? · 22
돈에 관한 견해를 갖는다는 것 · 24

Part 2
돈에 관해 생각하기

Chap 2 돈 걱정의 진정한 의미
이 모든 고민의 근원은? · 36
걱정의 실체가 없다 · 40

Chap 3 돈과 좋은 관계 맺기
돈을 벌려면 신념을 버려야 하는가? · 49
걱정을 잘하는 법 · 52

Part 3 돈의 은밀한 의미

Chap 4 돈이 돈이 아닐 때
인간관계까지 돈 문제로 느끼는 에디 · 59
돈이라는 '믿을 수 없는 엄마'에게 버려진 제임스 · 61
돈으로 경쟁자를 찍어 누르고 싶은 페트라 · 63
철이 드는 것과 나이가 드는 것, 그래서 돈이 두려운 안젤라 · 65
돈을 천박하고 무자비한 '진실의 적'이라 여기는 스티븐 · 67
돈은 곧 사랑, 존경, 자긍심, 존재감이라고 여기는 카렌 · 69

Chap 5 돈 걱정, 어떻게 벗겨낼 것인가?
돈에 관한 본능적인 부정 없애기 · 75
돈에 관한 태도 파헤치기 · 76
개인적인 '돈의 역사'를 되돌아보기 · 81
돈과의 관계를 개선해줄 올바른 친구 찾기 · 86

Chap 6 그렇다면, 돈이란 무엇인가?
돈과의 관계가 비정상적인 것으로 바뀔 때 · 97

Part 4 돈과 좋은 삶

Chap 7 삶의 구성요소로서의 돈
왜 행복이 아닌 성공을 말하는가? · 107
돈과 잘 사는 삶은 어떤 관계인가? · 108
돈은 삶의 구성요소 중 하나다 · 110
살면서 돈이 얼마나 필요할까? · 112

Chap 8 사랑과 섹스를 돈으로 해결할 수 있나?
돈은 사랑이나 섹스와 어떤 관련이 있는가? · 116
관계의 목표는 두 사람이 함께 잘 사는 것 · 118
돈과 섹스 · 120

Chap 9 나는 그곳에 사는 사람들이 부럽다
부러움과 질투를 어디에 활용할 것인가? · 129

Part 5 질서 만들기

Chap 10 필요 vs. 욕구
필요와 욕망 구별하기 · 143
높은 필요, 중간 필요, 낮은 필요 · 148
높은 필요로 올라가기 위한 필수조건 · 149
정신적 여유라는 간접비용 · 151
사회적 신분과 가치 있는 동기 · 152

Chap 11 내 인생에는 돈이 얼마나 필요할까?
프랑스 시골로 이사 간 데릭과 자스민 · 162
크리스마스와 생일을 포기한 제닝스 가족 · 163

Chap 12 가격 vs. 가치
경제학 수업에서는 절대 가르쳐주지 않는 것들 · 169
애정이 부여한 가치는 가격과 상관없다 · 172

Chap 13 갈망과 두려움
돈과의 관계를 기분 좋게 받아들이기 · 177
의미가 있으면 허드렛일도 중요해진다 · 180

Part 6
이윤을 추구하면서 착한 일을 할 수 있을까?

Chap 14 돈과 의미 있는 삶
돈을 충분히 벌면서 의미 있는 삶을 산다는 것 · 195
빛나는 정신과 가난한 환경, 재앙인가 축복인가? · 199

Chap 15 돈은 윤리적인가?
찬스 카드, 편견 없이 본질과 맥락을 파악하기 · 204
다시 찾은 브라이즈헤드, 상업화는 모든 우아함의 적? · 206
랜드마크 트러스트, 수준 높은 상업화에 필요한 것들 · 211
헨리 포드의 교훈, 왜 산업화를 두려워하나? · 215
돈의 윤리학 · 218
그래도 돈 혐오론자가 될 필요는 없다 · 221

Part 7
그렇다면 이제부터 어떻게 살까?

Chap 16 부자도 괴롭다

유산의 도덕적 권리 · 229
질투의 노예 · 232
채워지지 않는 허기와 제어하기 어려운 방탕 · 233
품위와 위엄을 지키는 것에 대한 어려움 · 236

Chap 17 가난의 미덕

Chap 18 돈과의 관계, 괴테처럼 균형 잡기

더 읽어보면 좋은 책들 · 254
이미지 출처 · 263

일러두기

- 본문 중 책 제목은 《 》로, 논문과 잡지명은 〈 〉로 표시했습니다. 책의 경우 한국어판이 출간된 책은 한국어판의 제목만 표기했고, 그렇지 않은 경우는 한글로 직역한 제목과 영어로 된 원서 제목을 병기했습니다.
- 영화 제목과 노래 제목, 드라마 제목, 뮤지컬 제목, 미술 작품명 등은 ' '로 표시했습니다.
- 옮긴이의 주註는 각 장의 말미에 수록했습니다.

THE SCHOOL OF LIFE

How to Worry Less about Money
John Armstrong

**THE
SCHOOL
OF LIFE**

돈 걱정과 돈 문제 사이

About Worries, Not About Money Troubles

Part 1

문제가 아니라 걱정에 관한 고찰

Chap 1 This is the Study about Worries Not Troubles

제목 그대로 이 책은 돈 '걱정worries'에 관한 책이다. 돈 '문제troubles'에 관한 것이 아니다. 걱정과 문제, 그게 그거 아니냐고? 하지만 이 둘 사이에는 결정적인 차이가 있다.

일단 '문제'는 긴급하다. 당장 직접적인 행동이 요구된다. 예를 들면 이런 경우다. "자동차 보험료를 내야 하는데, 통장 잔고가 바닥이네.", "이번 달 카드값이 연체되면 어떡하지?", "중학생 아들 녀석이 지금 다니는 학교에서 적응을 잘 못하고 있어. 사립학교로 전학시키고 싶은데 돈이 없어."

이러한 돈 '문제'를 해결하는 방법은 두 가지다. 첫 번째는 돈을 더 많이 벌거나, 지출을 줄이는 것. 감당할 수 없을 정도로 빚이 많다면, 개인파산 절차를 밟는 것도 방법이다. 두 번째는 없으면 없는 대로 그럭저럭 살아가는 것이다.

 이와 대조적으로 돈 '걱정'은 주변에서 일어나고 있는 상황이나 사실을 언급하기보다, 돈을 걱정하는 당사자에 대해 더 많은 이야기를 한다. 쉽게 말해 걱정은 '내 통장에서 무슨 일이 일어나고 있는지'가 아니라, '내 머릿속에서 무슨 일이 일어나고 있는지'에 관한 것이다. 따라서 돈 걱정은 그리 긴급하지 않다. 또한 걱정은 자유롭게 시간을 넘나든다. 가령 이런 식으로 말이다.

 "15년 전에 투자를 잘못해서 전 재산을 날렸는데, 생각할수록 분통이 터져서 지금까지 괴롭다니까! 그때 너무 고생해서인지 몰라도 우리 아이들이 어른이 되어서 돈에 쪼들릴까 봐 늘 걱정이야."

 이렇듯 걱정은 '지금 여기에서' 일어나는 일이 아니라, '상상'이나 '감정'과 관련되어 있다. 따라서 돈 걱정을 고찰하는 것은 돈 문제를 다루는 것과 전혀 다른 차원에서 접근해야 한다. 돈 걱정을 논하기 위해서는, 이데올로기 같은 '생각의 패턴'이나 문화와 같은 '가치의 도식scheme'이 개인의 일상에서 어떠한 역할을 하는지에 대해 관심을 가져야 한다.

얼마나, 혹은 왜?

일반적으로 돈에 관한 조언이나 충고는 "어떻게 하면 돈을 더 많이 벌 수 있을까?"라는 질문에 적절한 답을 제시하는 것이다. 사람들이 가장 궁금해하는 것일 테니 말이다. 따라서 재테크 기술이라든가 좋은 투자처, 재산을 불리는 데 도움이 되는 방법 같은 걸 제안해야 한다. 예를 들면 자산 포트폴리오를 개선하는 것 외에 연봉이 더 높은 직업을 구하거나 부자와 결혼하는 것도 이에 포함된다.

그런데 이런 경우 한 가지 간과하기 쉬운 게 있다. 그런 얘기를 한다는 것은, 우리에게 돈이 얼마나 필요한지(당연히 많으면 많을수록 좋지!), 그리고 돈이 왜 필요한지(미친 거 아니야?)에 대해 우리가 이미 다 알고 있다는 사실을 전제로 한다.

하지만 당신은 돈이 얼마나, 왜 필요한지 진지하게 고민해본 적 있는가? 돈에 관한 일반적인 조언은 그런 본질적인 것에 대한 탐구를 마친 후에, '그렇다면, 어떻게 해야 돈을 더 많이 벌 수 있을까?'라는 질문에 답하는 것이어야 한다.

그다음으로 돈에 관한 인기 있는 충고는, "어떻게 하면 적은 돈으로 그럭저럭 살아갈 수 있을까?"라는 질문에 대한 답이다. 생활 속에서 돈을 아낄 수 있는 아이디어는 굉장히 많다. 신용카드를 잘라버리고, 매일 가계부에 지출내역을 빠짐없이 기록하고, 집 안의 난방기구를 모조리 끄고 내복이나 점퍼를 껴입거나 공짜쿠폰을 모으는 것, 이 모두가 좋은 방법이다.

분명 이러한 것들은 아주 유용한 전략일 수 있다. 당신이 타당한 목표를 정하고, 적은 비용으로 목표를 달성하겠다고 결심한다면 말이다. 그러나 우리는 아직 "도대체 왜 돈이 필요한 걸까?"라는 근본적인 질문을 하지 않았다. 좀 다르게 표현하자면, "돈과 행복한 삶은 어떤 관련이 있을까?" 하는 질문이다.

그런데 보통 사람들의 관심은 돈 걱정이 아니라 돈 문제에 맞춰져 있다. 이것이 문제다. 알다시피 돈이라는 주제는 우리의 삶과 대단히 깊숙이, 그리고 광범위하게 연결되어 있다. 그리고 돈과 우리의 관계는 죽을 때까지 계속된다(어쩌면 죽은 후에도). 우리가 돈과 어떤 관계를 맺느냐는 우리의 정체성에 중대한 영향을 미치고, 우리를 대하는 다른 사람들의 태도까지 결정한다. 또한 돈은 세대와 세대를 이어주기도 하고, 단절시키기도 한다.

돈과 우리의 관계는 일종의 경기장arena이다. 그곳에서 우리의 탐욕과 자비가 드러나고, 지혜와 우매함이 발가벗겨진다. 자유, 욕구, 권력, 신분, 일, 재산 등, 우리네 삶을 지배하는 이 모든 거대한 개념들은, 거의 항상 돈을 둘러싸고, 혹은 돈 속에서 형성되고 펼쳐지고, 심지어 파괴되기도 한다.

<u>돈에 관한 견해를 갖는다는 것</u>

교육철학 용어에서, '훈련training'과 '교육education'은 엄청난 차이가 있는 말이다. 훈련은 특정 업무를 더욱 효과적으로 성실하게 수행하는 법을 가르친다. 반면 교육은 그 사람의 마음을 열어주고 풍요롭게 해준다. 누군가를 훈련시킬 때는, 그 사람이 어떤 사람이고, 무엇을 사랑하고, 왜 그것을 사랑하는지 등을 전혀 알 필요가 없다. 하지만 교육은 그 사람 전체를 이해하고 포용해야 한다. 역사적으로 우리는 좀 더 광범위하고 숭고한 관점에서, 돈을 교육의 문제보다는 훈련의 문제로 봐왔다. 하지만 요즘처럼 가치관이 혼돈스러운 시대에는 돈에 관한 '훈련'이 아닌 '교육'이 필요하다. 인생에 대한 가치관조차 제대로 정립되지 않은 상태에서 돈을 잘 이해하기란, 즉 돈과 올바른 관계를 맺기란 불가능하기 때문이다.

궁극적으로 돈과 우리의 관계는, 가장 광범위하고 막연한 생각들(즉 삶의 의미나 우주만물 같은 인간의 상황에 관한 생각들)로 표현된다. 이 말은 곧 돈과 우리의 관계가 돈과는 매우 동떨어진 다른 생각들로부터 도움을 받거나 방해받을 수 있다는 것을 뜻한다. 이것이야말로 이 책에서 우리가 논하고자 하는 내용의 주된 핵심이다.

칼 마르크스 Karl Marx를 예로 들어보자. 알다시피 그는 독일의 경제 정치학자이고, 과학적 사회주의 공산주의의 창시자이며, 변증법적 및 사적 유물론을 정립한 사람이다. 그는 돈이 극히 부당한 시스템의 일부분이라고 주장했다. 그의 주장은 이미 많은 부를 축적한 사람들이나, 현재 경제적으로 힘들게 살고 있는 사람들 모두에게 상처가 된다. 물론 돈으로부터의 도피가 전혀 불가능한 것은 아니다. 하지만 체제 전체를 거부하거나(무인도에서 혼자 살거나), 혁명을 통해 컨베이어 벨트에서 빠져나와야만 그 도피라는 게 가능하다. 이런 식으로 규정된 돈은 이 세상이 감당해야 하는, 도무지 개인이 짊어질 수 없는

'부담imposition'처럼 느껴진다.

    반면, 시카고학파Advocates of the Chicago School로 대표되는 자유시장 옹호자들은 '돈은 근본적으로 중립적인 매개체'라고 주장한다. 그들에 의하면 인간은 자신의 이익을 극대화하기 위해, 돈을 통해 합리적으로 상호작용한다는 것이다. 이런 식으로 돈을 규정한다면 돈은 전혀 해로울 게 없다. 돈으로부터의 도피를 꿈꿀 이유도 전혀 없다. 돈 때문에 야기된 실패는 결국 '합리성'이 부족해 생긴 부산물일 뿐이다. 즉 한 사람의 경제적인 삶은 자유로운 창조물이다.

    이러한 생각은 대단히 위대한 지적 사고의 결과물이라 볼 수 있다. 머릿속에 이렇게 정확하고 정밀한 돈의 모델을 갖고 있는 사람은 분명 거의 없을 것이다. 보통 우리는 더 막연하고 더 시적이고 더 단조로운 모델을 가지고 살아간다. 그러면서도 여전히 인생과 세상에 대한 꿈을, 돈과의 관계에 연관시킨다.

    여기서 우리가 당장 칼 마르크스의 이론이나 자유시장주의자들의 이론에 동조하느냐의 여부는 중요치 않다. 핵심은 그들의 견해가 우리의 개인적인 과제나 소명에 적절한 '자극'이 될 수 있다는 사실이다. 그들의 이론에 상응하는 나의(혹은 당신의) 돈에 관한 이론은 무엇인가? 이 질문은 이 책의 가장 중요한 목적이다. 이 질문은 돈, 그리고 삶에서 돈이 갖는 역할에 대해, 우리가 자신만의 거시적인 견해를 가질 수 있도록 도와준다. 나아가 그 견해는 '잘 사는' 삶을 영위하는 데 꼭 필요한 전제가 되어줄 것이다.

***시카고학파** 시카고대학교를 중심으로 하는 일단의 경제학자들을 일컫는 말로, 1970년대 후반부터 지배적인 학설로 부각되고 있다. '신자유주의학파'라고도 불리며, 시장경제기구에 의한 자원배분에 신념을 가지고 합리적인 경제운영을 도모하며, 물가상승을 억제하기 위해서는 자유로운 가격기능을 부활시켜야 한다는 것이 기본 주장이다.

How to Worry Less about Money
John Armstrong

THE SCHOOL OF LIFE

돈에 관해 생각하기
Thinking about money

Part 2

돈 걱정의 진정한 의미

Chap 2 What are Money Worries Really About?

앞에서 언급했듯이, 이 책은 돈 문제가 아닌 돈 걱정에 관한 책이다. 그렇다면 사람들이 하는 돈 걱정의 진정한 의미는 무엇일까? 일반적으로 돈 걱정은 다음과 같이 크게 네 가지로 분류된다.

1. 돈이 없으면 나의 사회적 신분이 낮아질 것이다

돈이 없으면 내 삶에는 엄청난 고통과 고난이 따를 것이다. 나 자신을 보호할 만큼의 돈이 없기 때문에 굴욕을 당하게 될 것이다. 필연적으로 나의 사회적 신분은 낮아지게 된다.

2. 돈 때문에 인생을 허비할지도 모른다

고작 근근이 먹고사는 데 급급할지도 모른다. 물론 먹고사는 데 인생을 쏟아 붓는 것이 완전히 낭비라고만은 볼 수 없다. 다만 성취감과 자아실현, 그리고 세상을 이롭게 하는 가치 있는 노력 같은 것이 나의 바람보다 훨씬 줄어들 뿐이다. 궁극적으로 나는 내 삶의 대부분을, 대출금 상환이나 신용카드를 생각하며 보내게 될 것이다. 훨씬 더 중요한 문제들을 뒤로 한 채. 게다가 돈은 정말 믿을 것이 못 된다. 내가 아무리 절약한다 해도 시장의 급격한 변동으로 인해 하루아침에 사라질 수 있다.

3. 내가 갈망하던 것들을 죽을 때까지 갖지 못할 수도 있다

어쩌면 평생 꿈꿔온 아름다운 집에서 살 수 없을 것이고, 고급 승용차를 타지 못할 것이고, 호사스러운 휴가를 보내지도 못할 것이며, 견고한 경제적 안정이 가져다주는 아늑함과 편안함을 누리지 못할 것이다. 이런 생각은 나와 이 세상을 향한 분노를 불러일으킨다. 돈을 제대로 관리하지 못해 인생 전체가 실패로 이어질까 봐 걱정스럽다.

4. 돈에는 운명 같은 게 있어서 내가 어떻게 할 수 없다

돈은 바이러스와 같다. 돈을 위해서라면, 사람들은 끔찍한 일도 서슴지 않는다. 돈은 가치merit나 고통suffering, 정의justice 등과는 무관한 논리로 움직이는 것 같다. 어떤 사람은 타당한 이유 없이 구걸하며 간신히 삶을 연명하는가 하면, 어떤 사람은 주식이 대박나 엄청난 부를 누린다. 이처럼 돈에는 일종의 운명 같은 것이 존재한다. 그리고 그 운명이라는 체계는 너무도 거대하게 느껴져서 내가 그것에 대해 어찌해볼 도리가 없는 것 같다.

어떤가. 이런 걱정을 한 번쯤 해본 적 있는가? 일단 이런 걱정들에 즉각적으로 반응하기 전에 어떤 조치를 취하려면, 우선 걱정을 구체적으로 이해해야 한다.

우리의 걱정들은 어디에서 비롯된 것일까? 이 걱정들의 이면에는 무엇이 존재할까? 도대체 이 걱정들의 실체는 뭘까? 큰 걱정도 작은 고민으로 구체화시키면, 우리의 삶은 한결 가벼워질 것이다. 자, 이제부터 우리의 걱정을 올바른 질문으로 바꿔보자. '돈 걱정' 속에는 다음과 같은 질문들이 숨어 있다. 이 잠재된 질문들에 명확히 답할 수 없기 때문에 자꾸 걱정이 생겨나는 것이다.

1. 나는 무엇 때문에 돈이 필요한가? 즉 나에게 중요한 것은 무엇인가?
2. 그러기 위해서는 얼마만큼의 돈이 필요한가?

3. 그만큼의 돈을 얻기 위한 최선의 방법은 무엇인가?
4. 다른 사람들을 위한 나의 경제적 의무는 무엇인가?

이런 질문들은 앞에서 언급한 돈 걱정들과 직접적으로 맞물려 있으며, 질문들 속에는 진지하고도 현실적인 해답들이 다 들어 있다. 원래 걱정이라는 것은 이 걱정에서 저 걱정으로 꼬리에 꼬리를 물고 이어져 점점 커지는 법이다. 그래서 우리가 돈 걱정이 아닌 다른 걱정으로 화제를 바꾼다 해도 상황은 달라지지 않는다.

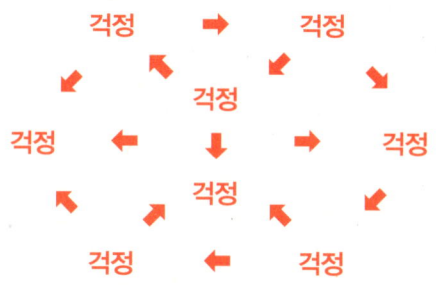

더 바람직한 사고습관은, 아래와 같이 걱정을 곰곰이 생각해 진정한 질문을 이끌어내는 것이다.

걱정 ➡ 질문 ➡ 해답

이런 걸 강조하는 게 지나치게 현학적이고 잘난 척하는 것처럼 들릴지도 모르겠다. 그러나 이것은 아주 중요한 원리다. 우리의 걱정들이 그 속에 잠재된 중요한 질문들에서 비롯된다는 것을 제대로 인식하지 못한다면, 돈 걱정에 대해 백날 얘기해봐야 한 발짝도 앞으로 나아갈 수 없을 테니까.

이 모든 고민의 근원은?

앞에 나온 질문들은 우리의 가치관, 생활방식, 인생관에 관한 것들이다. 돈 걱정은 경제적인 문제라기보다는 심리적인 문제에 가깝고, 은행잔고의 문제라기보다는 우리의 정신에 관한 문제다.

처음 해야 할 일은 우리의 걱정을 구체적으로 살펴보는 것이다. 잠재된 질문을 통해 걱정의 실체로 들어가보자. 아마 질문을 시작하자마자 우리가 하고 있는 걱정이 상당히 막연하다는 사실을 알게 될 것이다. 나는 종종 내가 정말 무엇을 걱정하고 있는지 모른다. 그렇다고 내 걱정이 아무런 이유가 없다는 것은 아니다. 다만 그 이유가 정

내 차를 바라보고 있노라면
돈 걱정이 된다.
과연 이 고민의 근원은
무엇일까?

확히 무엇인지 모를 뿐이다.

나는 내 차를 바라볼 때면, 곧잘 돈에 대한 고민이 생긴다. 10년 넘게 타고 다녔더니 여기저기 긁힌 자국도 많고 경미한 고장들이 나기 일쑤다. 운전을 하다 보면 괴상하게 삐걱거리는 소리가 나고, 와이퍼는 덜덜대며 앞쪽 유리를 힘겹게 가로지른다. 휠 아치wheel arch 아랫부분을 감싸는 플라스틱 조각은 얼마 전 떨어져 나갔다. 차 안은 한 번도 청소하지 않은 것처럼 지저분하다. 범퍼 한쪽은 지하 주차장에서 후진을 잘못해서 찌그러졌다. 그래도 여전히 차를 모는 데는 지장이 없고 믿음직스럽다. 어차피 나는 차를 바꿀 형편이 안 된다.

그러나 내 머릿속 누군가는 '내가 갖고 싶은 차는 이 차가 아니야!'라고 말한다. 더 매력적이고 더 멋지고 무엇보다 '더 고급스러운' 차를 마음에 그리는 것이다.

테니스 클럽에서 주차를 할 때, 주위에 그저 그런 차들이 주차되어 있으면 나는 왠지 마음이 놓이고 편안해진다(이런 말을 하는 게 좀 부끄럽지만 사실이다). 그러나 고급 승용차들이 주차되어 있으면 왠지 모르게 심기가 불편하다. 사실 나의 진짜 고민은 따로 있다. 내 인생이 이 차로 끝날지도 모른다는 걱정, 평생 더 좋은 차를 갖지 못할 것 같다는 불안감, 영영 날 만족시킬 차를 탈 형편이 안 될지도 모른다는 두려움 말이다.

그러나 결국 알고 보면, 나의 이런 걱정은 자동차 자체와는 무관하다. 오히려 그것은 상상이나 감정, 사회적 관계와 관련이 있다. 그렇다면 내가 정말 걱정하고 있는 건 무엇인가. 생각해보면 나의 진짜 걱정은 '차를 제대로 관리하지 못했다'는 사실이다. 내가 차를 잘 관리했더라면 이렇게까지 상태가 나쁘지는 않았을 것이다. 그랬다면 딱 봐도 10년 된 차로 보이지 않았을 수도 있고, 평범한 차종이라는 사실을 걱정하지 않아도 되었을 것이다.

이 문제와 관련해 내가 깨달은 것이 하나 있다. 차를 바라볼 때 내가 본 것은, 차 자체가 아니라 나의 게으름이었다. 그래서 늘 괴롭고 불편한 것이다. 자잘한 고장수리를 항상 뒤로 미루고, 뒷좌석 청소를 단 한 번도 하지 않는 등등, 차에 대해 느끼는 나의 괴로움은 나의 게으른 성격과 연관되어 있다.

새 차를 구입한다 해도(사실 나에게는 엄청 큰 부담이다) 차를 더 잘 관리하지는 못할 것이다. 솔직히 새 차를 사서 좋은 점은, '처음부터 다시 시작할 수 있다'는 것 아닐까? 나는 스스로에게 다시 한 번 다

짐한다.

'다음에 새 차를 사면 정말 잘 관리할 거야.'

하지만 그것은 환상이다. 과거에도 그렇지 않았는데, 이제 와서 성격이 바뀔 리가 있겠는가?

걱정의 실체가 없다

걱정의 '대상 object'이 명확하지 않다는 것은 아주 중요한 사실이다. 앞에서 언급했듯이, 걱정의 대상이 정확히 뭔지도 모르는 상황에서는 당장 해결책을 찾아 달려갈 수 없다. 그래서 걱정의 실체에 대해 먼저 생각해야 한다는 것이다.

다른 예를 하나 들어보자. 얼마 전 나는 베니스의 어느 고급 호텔을 떠올리다 갑자기 한 가지 고민이 생겼다. 그 호텔은 무척 우아하고 고급스럽고 화려한데, 아주 비싸다. 그 생각에 이르자 나는 실의에 빠졌다. 형편없는 내 은행잔고가 그렇게 한심해 보일 수 없었고, 내가 결코 그런 곳에서 묵을 수 없을 거란 생각이 들자 정말 속상했다. 물론 세상에는 내가 어찌할 수 없는 일이 많다. 엄청나게 비싼 호텔들도 즐비하다. 그런데 나는 왜 그 특정 호텔 때문에 이런 걱정을 하는 걸까?

사실 내가 그 호텔에 꼭 가보고 싶은 이유는 따로 있다. 내가 존경하는 역사적 인물들이 그곳에 묵었기 때문이다. 건축평론가 존 러스킨John Ruskin과 작가 시릴 코놀리Cyril Connolly, 미술사학자 케네스 클라크Kenneth Clark 등이 그곳에 묵었다. 어쩌면 내게 그 호텔은 '너도 그들처럼 될 수 있어!'를 의미하는지도 모른다. 상황을 파악하고 나니, 내 고민이 참 한심해 보였다. 정말 어리석기 짝이 없는 고민이 아닌가? 그 호텔에서 아무리 여러 날을 묵는다 해도, 내가 역사적 위인들과 비슷해질 리는 없을 테니 말이다.

이는 우리의 걱정이 궁극적으로 돈에 관한 것이 아님을 말해준다. 내가 존경하는 사람들과 비교해보니, 내 걱정의 실체가 좀 더 명확해진다. 나의 진짜 걱정은 인생의 목표가 불분명하고 용기가 부족하다는 것이다. 이런 것이야말로 우리가 고민해야 할 진정한 걱정이다. 고급 호텔은 답이 아니다.

돈에 관한 또 다른 걱정은 내 아이들이 어른이 된 후 충분히 돈을 벌지 못할 수도 있다는 것이다. 나는 내 아이들이 미래에 경제적 안정을 누릴 수 있도록, 돈을 저축하는 다양한 방법을 연구하고 있다. 만약 내가 아주 적은 돈이라도 매주 일정 금액을 저축한다면, 복리이자로 계산했을 때 15년 후에 얼마를 모을 수 있을까? 솔직히 큰 도움은 못 될 것 같다. 그러나 지금 생각해보면 내 걱정의 실체는, 아이들이 가난하게 살지도 모른다는 사실은 아닐 것이다. 진짜 걱정스러운 것은, 아이들이 남에게 의존하면서 살지는 않을지, 혹은 지금이 아이들의 미래를 도무지 예측할 수 없을 만큼 불안정하다는 점이다.

아마 내가 중요시하고 고민하는 것들에 대해 우리 아이들은 관심조차 없을지도 모른다. 사실 나의 결정적인 문제는, 그 아이들이 어른이 되는 것을 상상할 수 없다는 것이다! 지금 모래밭에서 흙장난을 하며 놀고 있는 어린 딸이, 어떻게 중산층 수준의 소득을 올릴 수 있을까? 아이들이 어른이 되고, 자신의 인생을 알아서 판단하게 되고, 나에게서 독립한다 해도 내 걱정은 계속될 것이다.

우리는 종종 자신이 해결하고자 하는 진짜 문제가 무엇인지 잘 모른다. 지금껏 늘어놓은 나의 걱정은 분명히 어느 정도는 돈에 관한 것이다. 하지만 그 밖에 남에게 호감을 사는 것, 내 아이들이 잘 사는 것, 자아실현이나 목표달성에 대한 나의 은밀한 희망, 일관성 있는 인생에 대한 문제들도 포함되어 있다. 물론 이러한 것들은 아주 막연한 출발점이다. 너무 막연해서 무시하고 싶고, 왠지 무시해도 될 것만 같은 유혹을 느낀다. 하지만 사실은 너무 막연하기에 더더욱 특별한 관심과 설명이 필요하다.

•**존 러스킨** 영국의 비평가이자 사회사상가. 미술, 건축 평론가.

돈과
좋은 관계 맺기

Chap 3 A Good Relationship with Money

돈과 당신이 '좋은 관계good relationship'를 맺는다는 건 무슨 뜻일까? 우선 '좋은 관계'라는 말의 의미를 생각해보자. 좋은 관계란, 좀 더 정확히 말하면 '서로 책임을 진다'는 것이다. 일반적으로 어떤 일이 잘못되었을 때, 어디까지가 당신의 잘못이고, 또 어디까지가 상대방의 잘못인지 알 수 있을 것이다. 이는 반대로 일이 잘되어갈 때도 똑같이 적용된다. 성공의 일부분은 당신이 잘했기 때문이고, 또 다른 부분은 상대방 덕분이라는 것을 우리는 잘 안다.

이런 모델을 돈과의 관계에도 적용할 수 있다. 어떤 일이 잘 풀리거나 잘못되었을 때, 일부는 당신이 그런 상황을 만들었기 때문이고, 나머지는 돈 때문이다. 이때 돈이 유발한 것은, 일정 수준의 소비력spending power이다.

이들은 존재의
미스터리에 대해 사색한다.
이때 돈은 아무런 상관이
없는 것처럼 느껴진다.

카스파르 프리드리히 Caspar David Friedrich, 바다 위로 떠오른 달, 1822년 작품.

그녀 역시 실존의
미스터리에 대해 사색한다.
그녀에게 돈은 매우 중요하고
지배적인 존재 같다.

한편 당신과 돈의 관계에는 상상력, 가치관, 감정, 태도, 야망, 두려움, 기억 등이 포함된다. 단순히 당신이 얼마를 벌고 얼마를 쓰는지에 대한 문제, 즉 순수한 경제 문제가 아니라는 얘기다. 단순한 덧셈뺄셈의 문제가 아니므로, 당신이 돈을 얼마나 가지고 있는지는 우리가 기대하는 해결책이 되지 못한다. 즉 돈의 양으로(소득을 늘리든지 아니면 적은 돈으로 근근이 살아가든지) 돈 걱정을 해결하는 것은 이상적인 전략이 아니다. 중요한 것은 돈과 당신의 관계와, 그 관계에 대한 당신의 감정feelings을 다루는 것이다.

돈에 대한 근심과 인생의 행복 사이에서 일어나는 갈등은 아주 심각한 현실이다. 돈과 행복이 사이좋게 잘 맞아떨어질 때도 있다. 반대로 무척 고통스러운 현실에 시달릴 수도 있다. 전기요금이 엄청나게 많이 나오고, 월세도 곧 내야 하고, 돈이 많이 드는 치과 치료도 해야 한다. 매달 엄청 빠듯하다. 사는 게 영원히 이 모양 이 꼴일 것만 같다. 이러다간 평생 외국에 사는 누나네 집에 놀러갈 수 없을지도 모른다. 정녕 우리 가족의 삶의 질을 현격하게 높여줄 새로운 주방으로 바꿀 수는 없는 것일까?

돈을 벌려면
신념을 버려야 하는가?

개인이든 집단이든, 삶에서 돈이라는 주제의 위엄을 인식하는 것은 중요하다. 돈을 둘러싼 우리의 투쟁은, 과거의 위대한 '모럴 드라마moral drama'에서 쉽게 찾아볼 수 있다. 사람들의 일상적 갈등보다는 문화적 이미지화cultural imaging를 더욱 중요시하는 드라마 말이다. 신념과 이성의 투쟁, 개인적 욕구와 국가적 요구의 잠재적 충돌 등을 다루는 드라마들이 이에 해당된다.

소포클레스Sophocles의 희곡 '안티고네Antigone'는 개인의 삶과 국가에 대한 의무 사이에서 비롯된 본질적인 갈등을 다루고 있다. 주인공 안티고네는 자신이 속한 국가보다, 국가를 배신한 오빠에게 충성심을 보인다. 그런데 과연 국가가 심각한 위기에 처했을 때 그녀의 그러한 행동이 옳은 것일까?

우리는 방관자가 되어 양쪽의 논쟁이 합리적인지, 어느 쪽이 옳고 어느 쪽이 그른지 지켜볼 수 있다(이게 바로 희곡의 위대함이 아닐까). 좌우간 여기서부터 비극적인 갈등이 시작되고, 우리는 양측 주장의 세력과 타당성을 실감할 수 있다.

  돈과 인생도 마찬가지로, 처절한 사투를 벌이는 것처럼 각자의 주장을 펼친다. 어쩌면 당신도 나처럼 암울한 환경에서 자라나서, 그 환경을 벗어나기에 충분한 돈을 간절히 원할지도 모른다.

  그런데 그런 갈망은 당신을 혼란스럽게 만들 수 있다. 마치 뿌리를 잃어버린 것 같은 감정이 몰려올지도 모른다. 경쟁이 난무하는 세상에서 살아남으려면, 혹독한 경쟁에서 이길 만큼 충분히 많은 돈을 벌려면, 당신의 신념을 전부 버려야 할 것 같다. 가족과 보내는 시간이나, 세상을 변화시키고 싶다는 열망, 잠재된 창의력, 단순히 정원을 가꾸며 보내는 평화로운 일상 같은 것과 영영 작별해야 한다고 느낄 수도 있다. 내 인생에서 진정 집중하고 싶은 일에 결코 헌신할 수 없게 될 것 같은 기분 말이다.

  그럴 때 우리는 어떤 종류의 '조절accomodation'에 이르러야만 한다. 여기서 조절이란, 이 상충하는 요구들끼리의 관계, 또는 그 통합적 관계에 대한 일종의 적당한 '이해understanding'를 뜻한다. 따라서 비극적이지 않은 해결책이 있을 수도 있다. 만약 우리가 단순히 안티고네의 편을 든다면, 우리는 이 희곡의 진짜 주제를 놓치고 마는 것이다.

이는 우리가 '돈은 끔찍한 것'이라고 덮어놓고 폄하한다면, 돈이라는 주제를 제대로 이해할 수 없는 것과 마찬가지다.

소포클레스는 '안티고네'를 통해 동시대 사람들에게 갈등의 깊이와 힘을 보여주고 있다. 이 희곡에서 오빠인 폴리네이케스를 감싸는 주인공 안티고네는 개인의 양심을, 그녀와 대립을 이루는 외삼촌 크레온은 국가를 상징한다. 개인과 국가의 첨예한 갈등을 그려낸 이 작품은 아테네의 발전 시기에 쓰여진 것으로, 복잡하고 모순된 요소를 심오하게 그려냈다. 상충되는 요소들의 충돌을 통해 비극적인 진리를 제시하려 한 것이다.

이와 마찬가지로 돈과의 관계에서 느끼는 긴장, 불확실성, 혼란은 인생을 산만하게 만드는 것이 아니라, 살면서 경험할 수 있는 위대한 테마다. 우리가 실망한 것에 대해 캐내기, 우선순위를 놓고 어려운 결정 내리기, 독립적인 사람이 되기, 고난을 극복하기, 장기적인 이익을 위해 지금 당장의 즐거움을 뒤로 미루기…. 이런 것들은 돈 때문에 벌어진 불행한 상황이 아니라, 성숙한 삶을 살아가는 데 꼭 필요한 요소들이다.

걱정을
잘하는 법

　살면서 누구도 고뇌는 피할 수 없다. 특히 돈은 인생에서 아주 중요한 주제이기 때문에, 돈에 대해 당연히 '걱정을 해야만' 한다. 우리의 목표는 돈에 대한 모든 고민과 진지한 생각을 외면하는 것이 아니다. 그러므로 부와 가난에 대한 개인적 혹은 집단적인 관계에서 비롯되는 고통스럽고 불확실하고 힘든 상황을 피해서는 안 된다.

　걱정은 정신적인 노력의 또 다른 이름이다. 다만 막연한 걱정이 아니라, 더 직관적이고 더 확고한 목적의식을 갖고 심도 깊게 걱정하는 것이 이상적이다. 누군가는 이렇게 말했다. 어른이 된 후의 삶의 목표는 '걱정을 잘하는 것'이라고. 그러려면 우리는 중요한 문제에 대해 잘 걱정해야 한다.

　걱정은 곧 관심을 의미한다. 바로 이런 관심들이다. 우리는 돈에 대해 얼마만큼의 관심을 가져야 하는가? 어떤 방식으로 관심을 가져야 하는가? 어떤 이유로 관심을 가져야 하는가? 돈을 두려워해야 하는가?

자기이해와 용기는 두려움을 없애는 진정한 해결책이 될 수 있지만, 그렇다고 해도 근본적인 원인이 되는 위험까지 사라지게 해주지는 않는다. 용감한 사람은 단순히 위험을 인식하지 못하는 사람이 아니다. 그들은 위험을 정확히 인식한다. 다만 무기력하게 굴복하는 대신, 확고한 자신감과 의지로 그 위험에 당당히 맞선다.

그러므로 누구에게나 돈과의 관계를 변화시킬 수 있는 기회가 있다. 우리는 돈에 무관심해서는 안 된다. 돈과 현명한 관계를 맺어야 한다. 이것이 바로 이 책의 주제다. 이제부터 상상력, 자기이해, 감정적 성숙, 삶과 사회에 대한 원대한 개념 등을 어떻게 돈과 우리와의 관계에 접목시킬 것인지를 소개할 것이다.

***카스파르 프리드리히** 독일 낭만주의 회화를 대표하는 화가.
****소포클레스** 기원전 5세기 고대 그리스 3대 비극 시인 중 한 사람.

How to Worry Less about Money
John Armstrong

THE SCHOOL OF LIFE

돈의 은밀한 의미
The Secret Meaning of Money

Part 3

돈이 돈이
아닐 때

Chap 4 When Money is Not Money

감정의 응어리, 콤플렉스, 정서불안, 집착은 모든 종류의 관계에서 문제를 일으킬 수 있다. 이런 것들이 돈과 우리의 관계에서도 문제가 되는 건 당연하다. 우리는 우리의 깊숙한 상상력에서 돈이 어떤 의미를 갖는지를, 알 수도 없고 반드시 다 알 필요도 없다.

돈은 사회적 신분, 안전, 성공, 복수, 구원, 도덕적 우월감 또는 죄책감 등을 의미할 수 있다(일일이 나열하자면 끝도 없다). 이는 돈과 우리의 관계에서 적나라하게 드러나는데, 우리가 살면서 이해해야 하는 매우 중대한 인생의 주제이기도 하다. 알다시피 늘 즐겁고 행복할 수만은 없고, 때때로 불행한 형태로 나타난다.

여기에 얽힌 문제들을 면밀히 검토하기 위해, 내 지인들의 다소 개인적인 경험을 소개하겠다.

인간관계까지
돈 문제로 느끼는 에디

　에디는 수년 전부터 돈이 좀 더 많았더라면 아내와의 관계가 훨씬 좋아졌을 거라고 말하곤 했다. 가령 일주일에 한 번씩 보모에게 아이를 맡기고 저녁을 먹으러 나갈 수 있었더라면, 아내와 속 깊은 대화를 나눌 수 있었을 거라고 말이다. 그러면 서로에게 더 애틋한 감정과 친밀감이 되살아났을 것이고, 황홀한 섹스도 가능했을 거란 얘기다. 그런데 요즘은 저녁에 외식을 해도 될 만큼 수입이 늘었는데도 그렇게 하지 않는다.

　에디는 계속 돈이 문제라고 주장하고 있지만, 사실 예나 지금이나 문제는 돈이 아니다. 최근에는 좀 더 크고 좋은 집으로 이사를 한다면 서로에게 엄청난 애정을 느낄 것이고, 당연히 저녁시간도 즐기고 부부관계도 뜨거워질 거라 말한다.

　에디에게 돈은 좀 은밀한 의미로 다가온다. 그에게 돈은 근심스러운 관계를 해결해주는 마법의 열쇠이자, 최음제 같은 존재다. 이처럼 그릇된 생각은 그의 부모와 관련된 과거의 기억에서 비롯된 것이다. 어릴 적 에디는 부모님이 저녁때 외식을 하러 나가는 것을 무척 싫어

했다.

한번은 어머니가 외출을 하려고 옷을 차려입었는데, 에디는 엄마의 화려한 구두가 정말 너무너무 보기 싫었다고 한다. 왜냐하면 부모님이 밖에서 즐거운 시간을 보내는 동안, 혼자 집에 남아 보모와 지내야 한다는 생각에 짜증이 났기 때문이다. 당시 어린 에디에게 어머니가 '외출하기 위해 차려입는' 것은 '많은 돈'을 상징했다. 그러한 연관은 그의 머릿속 깊이 뿌리를 내리고 말았다. 즉 에디에게 돈은, 어른들로 하여금 부러울 만큼 즐거운 시간을 보내도록 해주는 도구이다. 그래서 지금도 더 많은 돈만이 무덤덤한 결혼생활의 해결책이라고 생각한다.

이는 우리가 돈이 불가능한 일을 가능하게 만들어주기를 기대한다는 의미와 같다. 에디는 돈이 로맨스에 관한 모든 문제를 해결해주길 바란다. 그는 돈과 자신의 관계가 잘못되었다는 사실을 전혀 깨닫지 못하고 있다.

물론 인간관계에서 돈 때문에 다양한 문제들을 겪는 경우도 종종 있다. 때로는 감당할 수 없는 빚 때문에 스트레스를 받는다(사실 에디의 부모님도 빚 때문에 결혼생활을 망쳤다). 돈 때문에 극도로 예민해지거나 걱정을 하기도 한다. 때로는 싸우기도 한다. 이런 경우 돈이 더 많으면 인간관계를 개선하는 데 도움이 될 것이다. 문제의 뿌리가 바로 돈이기 때문이다. 그리고 우리는 돈이 긴장된 관계를 해소해줄 거라 믿는다. 그러나 에디의 경우는 결코 해당되지 않는다. 에디는 무엇보다 인간관계에 문제가 있는데도, 정작 그것을 '돈 문제'로 느끼기 때문이다.

돈이라는 '믿을 수 없는 엄마'에게 버려진 제임스

지난 30년 동안 제임스는 다양한 사업과 투자로 상당한 부를 축적해왔다. 그는 영국 부자 1,000명 안에 드는 재력가다. 그런데도 늘 실패와 빈곤이라는 두려움에 떨고 있다.

실제 그의 재산은 아주 안전하고 견고한 상태다. 그는 많은 땅과 빌딩, 자동차, 말, 가구 등을 소유하고 있으며, 투자 포트폴리오는 대단히 보수적이다. 가족을 위해 다양한 신탁상품에 돈을 맡겨놓았고, 보험도 충분히 가입해두었다. 초기에 시작한 대부분의 사업에서 손을 뗐기 때문에 사업이 실패할 리스크도 없다. 따라서 그가 공포에

떤다는 것은, 상당히 비현실적이고 비논리적이다. 그럼에도 그는 점점 커져가는 두려움에 시달리고 있다.

문제는 그 스스로가 '자신에게 돈 문제가 있다'고 느낀다는 것이다. 솔직히 그는 자신의 돈이 충분치 않다고 생각한다. 종종 그는 자신의 재산목록을 들여다보면서 더 많은 돈이 긴급하게 필요하다는 고민에 빠진다.

대체 그의 걱정을 해소할 수 있는 진정한 해결책은 무엇일까? 예상했겠지만 이는 아무리 돈이 많아도 해결될 수 있는 일이 아니다. 만일 당신도 스코틀랜드에 성이 있고, 레이크 디스트릭트Lake District에 맨션이 있고, 에든버러의 뉴타운에 집이 있고, 주식과 보험과 신탁이 그렇게 많은데도 안심할 수 없다면, 경제적인 측면에서는 결코 안정감을 느낄 수 없을 것이다.

따라서 제임스의 걱정은 결코 경제적인 문제가 아니다. 다만 그가 자신의 문제를 경제적인 것이라고 느낄 뿐이다.

그의 공포를 해소하기 위해서는 좀 더 희망적인 방식을 생각해내야 한다. 가령 예술이나 종교에 관심을 갖거나, 가족에 대한 태도를 바꿔본다면 달라질 수 있을 것이다. 그러나 제임스는 그의 걱정이 돈 때문이라고 느끼기 때문에, 자신의 굶주린 지성을 다른 방향으로 돌리려

하지 않는다.

제임스의 상상 속에서 돈은 '믿을 수 없는 엄마'와 같다. 언제라도 아이를 버릴 수 있는 엄마 말이다. 그런 식으로 느끼는 한, 그는 돈에 대한 자신의 두려움을 진정시킬 수 없다. 아무리 많은 돈을 모으더라도 걱정이 사라지지 않는 것이다.

다른 말로 하면, 제임스는 함정에 빠져 있다. 그의 두뇌의 반쪽은 '돈이야말로 안정감을 주는 유일한 것'이라고 말하지만, 나머지 반쪽은 '돈이야말로 믿을 수 없는 것'이라고 말한다. 돈이 아무리 많아도 걱정이 수그러들지 않는 이유다.

돈과 좀 더 좋은 관계를 맺기 위해 제임스는 일견 그의 경제생활과는 아무 관련이 없어 보이는 일을 해야만 할 것이다. 그러면서 불안이라는 내면의 악마와 정면으로 맞서야 한다.

돈으로 경쟁자를 찍어 누르고 싶은 페트라

페트라가 기억하는 한, 그녀는 평생 사촌 시몬느와 치열하게 경쟁하며 살아왔다. 두 사람은 지난 5년 동안 거의 말도 섞지 않았지만, 페트라는 늘 시몬느와 자신을 저울질하며 사사건건 비교해왔다. 그러던 어느 날, 시몬느가 졸업 후 엄청 잘나가고 있다는 소식을 전해 들은 페트라는 매우 심기가 불편했다. 왜냐하면 꽤 오랫동안 그녀는 시몬느보다 잘살아왔기 때문이다.

시몬느가 로스쿨에 들어갔을 때, 페트라는 고위 공무원으로 일하며 일반 직장인들보다 3배나 많은 월급으로 풍요로운 삶을 만끽하고 있었다. 멋진 집에 살면서 호화로운 휴가를 즐겼다. 그러면서 페트라는 시몬느보다 경제적으로 풍족한 생활이야말로 자신이 우월하다는 증거라고 무의식적으로 믿게 되었다. 물질적인 풍요뿐 아니라 다른 면에서도 우월하다고 말이다. 그녀는 자기가 시몬느보다 더 지적이고 더 친절하고 더 멋지고 더 현실에 적응을 잘하고, 더 행복한 삶을 살 자격이 있다고 마음속 깊이 만족스러워했다.

한편, 돈에 대한 페트라의 태도는 종종 그녀의 친구들을 당황하게 만든다. 페트라는 자신의 삶에 싫증이 난다고 투정을 부린다. 때로는 살고 있는 아파트가 맘에 들지 않는다며(친구들은 그녀의 집에 올 때마다 굉장히 부러워하는데도) 자신을 완전히 실패한 인생이라고 비하하기도 한다. 그녀는 항상 더 많은 돈을 바라며, 돈이 더 많다면 무엇을 할 수 있을지를 꿈꾼다.

페트라의 상상 속에서, 돈은 사촌 시몬느와의 경쟁이다. 그녀에게 얼마나 더 많은 돈이 필요할까? 그녀가 받아들일 수 있는 유일한 대답은 '시몬느보다 많이!'일 것이다.

철이 드는 것과 나이가 드는 것, 그래서 돈이 두려운 안젤라

안젤라는 금전적인 여유를 오랫동안 누린 적이 없다. 2~3년 전 안젤라의 숙모가 세상을 떠나면서 안젤라에게 2만 파운드(한화로 약 3,600만 원)를 유산으로 상속해주었는데도, 그 돈이 금세 다 사라져버렸다.

이탈리아 여행을 다녀온 뒤, 그녀는 말도 안 되는 캥거루 사육사업에 투자했다가 사기를 당해 꽤 많은 돈을 날렸다. 또한 유산의 10퍼센트를 여성 난민촌에 기부했고, 한동안 택시만 타고 다녔다. 그러니 돈이 남아 있을 턱이 없었다. 그녀는 숙모님이 남겨준 돈으로 18세기 초에 만든 작고 예쁜 사이드 테이블을 하나 사들였는데, 아마도 그것이 그녀가 유산으로 받은 것 중 가장 오래 남아 있는 물건일 것이다. 물론 그녀가 세 들어 사는 좁아터진 공동주택에는 전혀 어울리지 않지만.

안젤라는 정신과 치료도 받아보았지만 별다른 도움이 되지 못했다. 그녀는 돈에 쪼들릴 때마다, 상속받은 돈이 모래처럼 빠져나가던 무서운 순간들이 떠올라 괴로웠다. 왜 그 돈을 은행에 저축하지 않았을까?

그녀는 현재 자신의 직업도 실망스럽다. 정말 하고 싶은 일을 영원히 찾을 수 없을 것 같아 두렵기만 하다. 언젠가 코펜하겐에 있는 멋진 컨설팅 회사에 대해 들은 적이 있는데, 안젤라는 그런 회사에서 일하는 것이 꿈이다. 그 회사는 대단히 혁신적인 비즈니스 철학을 추구한다고 한다. 마치 앤디 워홀Andy Warhol의 '팩토리Factory'와 보스턴 컨설팅그룹을 합쳐놓은 것 같은 회사다. 하지만 그녀가 다니기에는 너무 멀다. 그녀는 '매스터즈 인 어플라이드 에틱Masters in Applied Ethics' (응용 윤리학 석사과정)에서 파트타임으로 외국인들에게 영어를 가르치고 있다. 예전에는 스스로 원했던 일이지만, 솔직히 지금은 신통치 않은 직업이다.

이상하게 들리겠지만, 안젤라는 돈이 많아지는 것이 두렵다. 돈을 더 많이 벌어서 더 많이 저축하고 싶고 이제 빚이라면 진저리가 나지만, 왠지 돈은 아주 위험한 존재로 느껴진다. 34세임에도 불구하고, 그녀는 금전적인 계획을 세우거나 돈을 관리하는 것이 자신의 청춘에 사형을 선고하는 것과 같다고 여긴다. 즉 돈에 대해 고민하고 신경 쓰는 것 자체가 처량한 중년의 시작이라고 생각하는 것이다. 그녀 역시 물론 돈 걱정을 하고 있다. 그러나 그 이면에는 예상치 못한 걱정거리들이 존재한다. 스스로에 대한, 그리고 인생에 대한 그녀의 태도, 철이 드는 것과 나이가 드는 것에 대한 그녀의 생각, 행복에 대한 개인적인 견해 등이 바로 그것이다.

돈을 천박하고 무자비한 '진실의 적'이라 여기는 스티븐

스티븐은 자신이 매우 가난하다고 생각한다. 그는 돈에 대한 개인적인 걱정거리를 털어놓으면서 '안간힘, 발버둥'이라는 단어를 자주 썼다.

그는 서점에서 일하는데 여건이 허락될 때는 글을 쓴다. 단편집을 출간하려고 열심히 준비 중인데 아직까진 별다른 성과가 없다. 그는 창작에 대해서 대단히 진지하며, 작품에 누구보다 공을 들이고 있다. 소소한 감상들을 작품 속에 성실하게 담아내려고 무척 열심히 노력하는 데다, 새로운 방식으로 쓴 독특한 작품도 구상 중이다.

그런데 서점에서 잘 팔리는 책들의 제목을 볼 때마다 그는 무척 놀란다. 너무 가볍고 쉽고 천박해 보이는 책들이 떡하니 베스트셀러를 차지하고 있는 게 아닌가. 그가 느끼기에, 돈은 진실과 본질의 대척점에 있는 존재다. 그리고 무자비하다. 그는 돈이 조금이라도 방해가 되는 존재를 무참히 깨부수고, 잘못된 기준을 세운다고 생각한다. 출판업자들 역시 얼마나 작품을 잘 썼는지에는 관심이 없고, 오로지 수익을 얼마나 올릴 수 있는지에만 혈안이 되어 있다. 사람들도 역겹기는 마찬가지다. 파티에서 자신을 작가라고 소개하면, 그의 책이 얼마나 팔렸는지에만 관심을 가지니 말이다.

스티븐은 낙후된 지역에 있는 자신의 임대 아파트를 부자동네의 화려한 고급주택들과 비교하며 사회적인 불만을 토로했다. 그리고 가짜 명품을 들고 다니며 사회적 신분을 과시하려는 사람들을 비웃고 비난했다. 그는 유명 브랜드로 가득 찬 상점가를 거닐면서 이 물건들이 사람들의 영혼을 훔친다며, 오늘날 우리가 사는 곳은 플라톤의 동굴***과 같다고 말했다. 그가 보기에 사람들은 모두 현실이 아닌 것에, 즉 진실보다 돈에 집착하고 있다. 그가 이런 점을 지적하려 하면 사람들은 그를 혐오스럽게 쳐다본다.

돈은 곧 사랑, 존경, 자긍심, 존재감이라고 여기는 카렌

자녀들이 학교에 입학한 후 지난 몇 년 동안, 카렌은 재무설계사로 제2의 사회생활을 시작했다. 그전에는 체육교사였다. 그런데 재무설계 일을 하다 보니, 주로 자신보다 돈이 많은 부유한 고객들과 만나게 되었다. 얼마 지나지 않아 그녀는 돈과 사회적 신분의 연관 관계에 대해 아주 민감해졌다. 돈이 많은 고객일수록 그녀에게는 더 중요한 사람이었고, 당연히 더 많은 배려와 관심을 쏟았다.

부유층을 위한 고급 잡지에는 그녀의 고객들이 사교행사나 경마경기에 참석했다는 기사와 사진들이 실리기도 했는데, 그녀는 그들의 사적인 이야기를 속속들이 알고 있었다. 누가 누구와 친한지, 그들 안에서도 얼마나 다양한 계급이 존재하는지, 어떻게 서로를 따돌리고 차별하는지 등에 관해 말이다. 존재감을 결정짓는 부의 메커니즘에 대해서도 알게 되었다.

대개 그녀는 어떤 사람이 진짜 부자인지, 아니면 단지 야망으로 가득 찬 것인지를 단박에 알아볼 수 있다. 그녀는 이 얘기를 할 때 '출세지향적인aspirational'이라는, 그녀로서는 나름 모욕적인 단어를 쓴다. 하지만 그러면서도 그녀는 부자들과 친밀한 관계를 맺는 데 무척이나 집착한다. 어떤 면에서는 그들과의 관계나 그들의 존재가 그녀를 인간미 없는 사람으로 만들어버렸는지도 모른다. 그녀는 무의식적으로 부유하지 않은 옛 친구들에게 짜증을 냈다. 소박하고 평범한 것들은 싫증난 지 오래다. '진짜 세상'처럼 보이는 부자들의 세상으로 빠르게 편입할 수 있는 방법을 찾아야겠다고 그녀는 굳게 다짐했다.

카렌이 느끼는 돈에 대한 내면적인 압박은 점점 강렬해지고 있다. 먹고살기에 충분한 돈이 있느냐 없느냐는 중요치 않다. 그녀에게 돈은 단순한 신분을 넘어서서, 사랑, 관심, 존경, 자긍심, 충만한 존재감에 해당한다. 달리 말해 그녀에게 돈은 거의 종교적인 의미다. 돈이 목적이자 '신의 은총'이 된 것이다. 이 상황에서 그녀의 돈 문제를 해결할 수 있는 유일한 방법은, 재정적인 전략이 아니라 도덕적인 개혁moral regeneration이다.

이제까지 소개한 여러 사람들의 자화상은, '마음속 깊은 곳에서 돈이 더 이상 돈이 아닐 때가 자주 있다'는 사실을 보여주는 단적인 사례다. 앞에 나온 이야기에서 보면, 돈은 선량함의 증거가 되기도 하고, 사악함의 원인이 되기도 하고, 경쟁에서의 승리를 의미하기도 하며, 사랑에 이르게 하는 길이자 성적 즐거움을 보장하기도 한다. 때로는 독약이 되기도 하며, 어린 시절과의 이별을 의미하기도 한다.

이처럼 돈은 우리의 삶에 너무나도 깊숙이 뿌리내리고 있기 때문에, 개개인의 심리와도 밀접한 연관이 있다. 이것은 소설가에게는 흥미진진한 주제가 될지 몰라도, 잘 사는 삶을 꿈꾸는 사람에게는 풀어야 할 숙제가 된다.

돈이 문제가 되는 이유에 대해 좀 더 구체적으로 생각해보자. 예를 들어 부모님과의 관계를 유지하려면 내 통장에서 돈이 나가야 하고, 어린 시절부터 경쟁해온 친구를 이기려면 지금 그보다 더 많이 벌어야 한다. 하지만 이런 왜곡된 생각들은 결국 돈과의 관계를 실패로 이끌 뿐이다. 과거의 경험들이 현재의 금전적인 문제에 영향을 미쳐서는 안 된다.

엄밀히 말해, 돈은 교환을 위한 중립적인 도구, 그 이상도 이하도 아니다. 돈 자체는 아무것도 아니며, 단순히 부채와 신용의 정도를 기록할 뿐이다. 그러나 앞에서 살펴보았듯이 돈은 심리적인 측면에서 다양한 모습을 띠고 있다. 극단적인 경우 누군가는 돈을 신격화할지도 모른다. 이는 노골적인 믿음의 차원이 아니다. 그 사람이 생각하고 느끼고 행동하는 방식에서, 은연중에 '돈의 신격화'가 드러난다는 점이 중요하다.

반면 돈을 사악한 존재로 여기는 사람도 있다. 그런 사람들은 자신이 경제적으로 실패해야 할 것만 같다고 느끼고, 그런 실패를 통해 정당성을 확인하려고 든다. 물론 그런 정당성의 대가는 지나치게 비싸지만.

돈은 이상한 힘을 발휘해서 우리가 옳지 못한 방식으로 처신하게끔 만든다. 우리는 돈에 대해 스스로에게 거짓말하는 경향이 있다. 돈의 은밀한 의미는 우리 각자에게 진실을 회피하고 왜곡시키는 동기, 즉 돈에 대해 거짓을 말하도록 하는 강력한 동기를 제공해준다. 경제학은 돈에 관한 문제에서 개인을 배제함으로써, 그 자체를 '과학science'으로 만든다. 그러다 보니 우리는 우리가 꼭 이해해야만 하는 것들을 종종 놓친다. 돈과 우리의 개인적 관계에 대한 은밀한 역사가 바로 그것이다.

대체로 많은 사람들이 자신은 돈에 대해 특별히 생각해야 할 이유가 없다고 느낀다. 돈에 관한 각자의 독특한 경험은 지나치게 개인적이고 다양하다고 생각하기 때문이다. 상황이 이렇다 보니 회의적인 질문이 하나 떠오른다. 어떻게 해야 돈에 관한 이야기를 진정성 있게, 일반적인 타당성을 갖고 말할 수 있을까. 돈에 대해 말하는 나는 대체 누구란 말인가? 자기비판의 목소리가 이렇게 질문한다.

따라서 우리는 반드시 켜켜이 쌓인 의심과 혼란의 층을 벗어던져야 한다. 가능한 한 현실적으로 돈을 바라봐야 하는 것이다. 우리 자신의 행복한 삶을 위해, 그리고 우리 사회가 올바른 방향으로 나아가도록 하기 위해, 돈과 우리의 관계를 개혁하고 발전시키려는 시도를 해야만 한다. 쓸모없는 감정의 응어리는 이제 그만 떨쳐버릴 때가 되었다. 그러려면 과연 어떻게 해야 할까?

***레이크 디스트릭트** 영국 북부의 아름다운 호수지방
****팩토리** 앤디 워홀의 작업실. 멤버들과 작업 활동을 하는 공간으로, 그림을 물건 만들어내듯 생산한다고 해서 '팩토리'라고 불렀다.
*****플라톤의 동굴** 플라톤의 《국가론》에 등장하는 유명한 철학적 비유. 동굴 밖의 세계가 진짜 세계인 '이데아'의 세계이고, 동굴 안의 세상은 진짜 세계에서 들어오는 그림자만 보고 살 수 있는 가짜 세상에 불과한 것을 비유한 말이다.

돈 걱정, 어떻게 벗겨낼 것인가?

Chap 5 How to Strip Off

이번 장에서는 돈에 관한 쓸데없는 걱정들을 어떻게 없앨 것인지에 대해 알아보자. 먼저 자가진단을 위한 4단계 훈련을 소개한다. 매우 실용적인 내용이니 최대한 정직하게, 직접 답을 써보길 권한다.

돈에 관한
본능적인 부정 없애기

당신은 돈을 인정하는가? 인생에서 돈의 은밀한 의미는 언제나 꽁꽁 숨겨져 있기에, 우리는 돈의 의미를 부정하곤 한다. 그중 가장 본능적인 부정은 '남들은 다 그래도 나는 아니다'라는 것. 당신도 혹시 이렇게 말하고 있진 않은가? 다른 사람들은 돈에 대한 모든 종류의 감정적 응어리들을 가지고 있겠지만, 나는 그러한 정신적 장애로부터 완전히 자유롭다고.

우선 이렇게 돈을 부정하려는 경향을 거부해보자. 가령 '나는 돈을 좀 이상한 방식으로 대하는 것 같아. 다만 그 이상한 방식이 어떤 건지는 정확히 모르겠어'라고 인정해야만 이 단계가 시작될 수 있다.

돈에 관한 태도 파헤치기

돈, 하면 마음속에 떠오르는 단어나 문장은 무엇인가? 메모지나 노트에(아니면 이 책의 여백에라도) 생각나는 대로 자유롭게 적어보자. 나의 경우는 다음과 같다. 갑자기 이런 얘기가 좀 뜬금없게 들릴지도 모르겠다.

- 짜증 나는 상황
- 나는 절대 피할 수 없을 거야

- 햇빛이 잘 드는 언덕 위의 집
- 속물스러움
- 아늑함
- 너한테는 잘된 일이야

그러면 이제 여기에 적은 것들을 가지고 어떻게 해야 하는지 자세히 살펴보자. 방금 당신이 쓴 단어나 문장들은 당신에게 어떤 의미가 있는가? 왜 그런 단어들을 썼는지, 그 단어들이 돈에 대한 당신의 태도에서 어떤 의미인지를 생각해보자. 앞에서 내가 나열한 단어들을 좀 더 구체적으로 얘기하자면 다음과 같다.

짜증 나는 상황

집값 때문에 어쩔 수 없이 출퇴근하기에 정말 불편한 곳에서 산다는 것은, 다음과 같은 상황을 낳는다. 출퇴근이 오래 걸리는 탓에 아침마다 허겁지겁 뛰어나오느라 한바탕 소동을 치러야 하고, 그러다 보면 아내와 아이들에게 짜증을 내거나 퉁명스럽게 대하게 되고, 결국 미안해지거나 슬퍼지는 상황 말이다.

그런데 이 상황을 좀 다르게 생각해보면 이렇다. 내가 책임감 있게 시간을 잘 관리하지 못한 것을 나는 돈이 충분치 않다는 사실과 연관 짓고 있다. 출퇴근이 오래 걸리는 곳에 살아서 아침마다 한바탕 소동이 벌어진다는 것은 좀 과장된 해석일 것이다. 내가 시간관리만 잘했다면 일어나지 않았을 일이다. 좀 더 일찍 일어나면 모든 것이 해결된다. 이는 곧 밤에 일찍 잠자리에 든다는 것을 의미하고, 그러려면 늦게까지 DVD나 드라마를 보지 말아야 한다.

나는 절대 피할 수 없을 거야

이것은 숙명적인 감정이다. 이상하게도 내 팔자는 돈이 잘 모이지 않는다. 수중에 돈이 조금이라도 생길라치면, 예상치 못한 어마어마한 청구서가 날아들거나 큰돈이 들어갈 일이 생긴다. 그래서 내가 모아두었던(그나마 얼마 안 되는) 돈이 순식간에 몽땅 사라진다. 돈이 약간 모여서 아늑하고 편안한 기분이 들면, 아내는 아이들 치아교정기 값을 내야 한다거나 지붕을 교체해야 한다고 친절하게 알려준다. 그러면 나는 다시 빈털터리가 된다.

마찬가지로 이 상황을 좀 달리 생각해보면 이렇다. 나는 현실을 외면하고 있다. 하지만 좀 더 현실적으로 앞을 내다볼 필요가 있다. 사실 아주 오래전부터 이미 아이들의 치아교정기가 엄청 비싸다는 사실을 알고 있었고, 우리 집의 지붕 상태가 좋지 않다는 것도 알고 있었다. 다만 그 사실을 외면하고 있었을 뿐이다.

햇빛이 잘 드는 언덕 위의 집

이 말은 '언젠가는 모든 일이 다 잘될 거야'라는 심정을 의미한다. 모든 문제가 사라지다니, 그 얼마나 아름다운 상상인가! 나는 정말 행복할 것이다. 하지만 딱히 언제라고 정해진 것은 아니다. '언젠가'라는 말은 그저 머나먼 미래의 어느 불특정한 날에 불과하다.

이 상황을 좀 다르게 생각해보면 이렇다. 나는 돈 문제를 다소 '마술적'으로 생각하고 있다. 최소한, 어떻게 하면 그런 날이 오게 할 수 있을지, 현실적으로 생각해본 적이 단 한 번도 없으니 말이다.

속물스러움

나는 내가 뛰어난 분야에서, 돈이 많은 사람들이 나보다 열등하다는 흔적을 찾으려고 항상 애써왔다. 가령 외모에 집착하는 나는, 천박하고 촌스러운 부자들을 보면 왠지 기분이 좋아진다.

이 상황을 좀 다르게 생각해보면 이렇다. 나는 나를 불편하게 하는 경제력을 비교할 때면 나의 품위에 집착한다. 다른 사람들을 비난하는 데 신경 쓰기보다는 내가 관심을 가진 것에 더욱 집중함으로써, 내가 더 나은 사람이라고 믿고 싶은 것이다.

아늑함

내가 생각하는 돈의 이미지는 아늑함이다. 쌀쌀한 저녁에 걸칠 포근한 캐시미어 코트라든가, 거실 분위기와 완벽하게 어울리는 두꺼운 벨벳 커튼 같은 느낌 말이다. 돈에 대해 걱정할 필요가 없는, 타고난 내면의 평온함 역시 아늑하기 그지없다.

이 상황에 대해 좀 다르게 생각해보면 이렇다. 돈에 대한 나의 이러한 느낌은 스코틀랜드에서 보낸 나의 유년기와 관련이 있다. 어린 시절 돈은 추위로부터 나를 보호해주는 존재였다. 한편, 돈은 추위 외의 다른 위험들로부터 나를 보호해주는 무언가와 관계가 있을지도 모른다. 예를 들어, 내가 돈이 많다면 아무도 나에게 함부로 대하지 못할 거라는 생각 같은 것 말이다. 그러나 솔직히 말하면, 돈이 그런 안전함을 가져다줄 수 없음을 나는 잘 알고 있다.

너한테는 잘된 일이야

나는 다른 사람에게 쉽게 이 말을 할 수 있겠지만, 누군가 내게 이렇게 말하는 것은 두렵다. 아주 냉소적이고 억울하다는 어조로 내가 누군가에게 이렇게 말하는 것을 상상해본다. 네가 행복해서 난 불행해. 이 말은 곧 '네가 불행해지면 난 행복할 거야'와 같은 의미다.

이 상황에 대해 좀 다르게 생각해보면 이렇다. 나는 내가 냉소적인 사람이라고 생각지 않지만 그렇게 될까 봐 두렵다. 다른 사람이 내게 독한 감정을 품는 것 역시 두렵다. 내 운명을 발전시키려는 집착이 나를 이기적으로 만드는 건 아닐까?

개인적인 '돈의 역사'를 되돌아보기

스스로를 더 잘 알고 싶다면, 이제까지 살펴본 것처럼 돈과 관련된 당신의 개인적인 역사를 돌아보며 그간 일어났던 주된 에피소드들을 검토해볼 필요가 있다. 당신은 돈에 관한 한, 스스로를 자랑스럽게 생각하는가? 돈에 관해 당신은 언제 가장 큰 모욕감을 느꼈고 언제 가장 당황했는가? 그 당시 주위 사람들에 대해 어떤 감정을 느꼈는가? 당신의 인간관계에서 돈은 얼마나 중요했는가? 당신은 돈에 대해 건전한 시각과 태도를 갖도록 교육받았는가?

당신은 돈에 어느 정도까지 '마법 같은' 힘을 부여하고 있는가? 당신은 사람들이 얼마나 많은 돈을 가졌는지 궁금한가? 아니면 겉으로는 돈이 많아 보이는(혹은 적어 보이는) 사람이 실제로도 돈이 많은지(혹은 적은지), 겉보기와 실제가 왜 다른지 같은 좀 더 미묘한 질문에 더 관심이 갔는가? 돌이켜 생각해보면 당신의 돈 걱정은 현명했었나? 당신은 너무 긍정적이었나? 돈에 대한 당신의 진짜 두려움은 무엇인가?

당신이 이런 혹독한 질문들에 용감하고 솔직하게 답할 수 있도록, 돈과 나의 은밀한 역사를 몇 가지만 소개하겠다.

아버지가 백만장자라는 거짓말

일곱 살 때 나는 우리 아버지가 '거의 백만장자'라고 터무니없는 거짓말을 하고 다니다 들통이 났다.(이런 멍청한 자식 같으니라고!) 사실 우리 아버지는 부자와 가난뱅이 사이를 드라마틱하게 오가며 평균보다 약간 풍족한 정도의 삶을 살았다.

내가 진짜 두려워했던 건 무엇이었을까? 난 어릴 적부터 남들 앞에서 으스대길 좋아했다. 무시당할까 두려워서 나의(혹은 우리 집의)

경제적 형편을 터무니없이 과장했다. 나는 무의식적으로 '부'를 '호감'과 동일시한다. 그러나 그러한 행동이 터무니없음을 모르는 것도 아니다.

인정할 수 없는 현실, 혹은 책임을 회피하려는 면죄부

우리 부모님은 세련된 부와 진짜 가난 사이를 아찔하게 오갔다. 우리 집이 잘살았을 때는 고전적인 크리스탈 디캔터*를 사용했고, 프로방스에서 휴가를 보냈으며, 겨울이면 캐시미어 외투를 사주셨다. 하지만 가난할 때는 음식을 살 돈이 없는 날도 있었고, 기름이 없어서 한겨울에 난방을 하지도 못했다. 신발에 구멍이 났는데도 새것을 사 달라고 말하지 못했고, 대로 한복판에서 다 찌그러진 작은 스포츠카가 고장 난 적도 있다.

여기서 알 수 있는 나의 진정한 두려움은, 돈에 대한 현실을 '인정할 수 없다'는 것이다. 그래서 나는 돈을 연극무대의 소품 정도로 생각하기로 했다. 돈은 있다가도 없고, 없다가도 있는 것이므로. 돈은 특별한 이유 없이 나의 행동이나 결정에 관여할 수 없다. 나는 자신에게 '돈에 관한 한 너에게는 아무런 책임이 없어!'라며 면죄부를 준다. 그렇게 해서 돈 문제는 내 소관이 아니라고 발을 쏙 빼는 것이다.

여동생의 한숨과 상처 난 자존심

착한 내 여동생이 열두 살 때의 일이다. 우리 가족은 어느 지역의 갑부 집에 초대를 받았다. 그런데 식사를 마치고 집으로 돌아오는 차 안에서, 동생이 "정말 엄청 부자네!"라며 한숨을 푹 쉬었다. 엄마와 형과 나는 일제히 여동생에게 버럭 화를 내며 조용히 하라고 했다. 전혀 화낼 일이 아니었는데, 왜 우리는 동시에 화를 냈을까?

여기서 알 수 있는 나의 두려움은 바로 이거다. 가난하다는 생각 때문에 내 자존심이 상처를 입을 수도 있다는 것. 나는 내가 가난하다는 생각을 참을 수 없다.

가난이 최악의 결례?

나의 첫 번째 여자친구는, 나와는 달리 상류층 집안에서 태어난 아이였다. 내 기준으로 보면 그녀의 부모님은 엄청나게 부유했지만, 정작 그녀는 늘 돈이 부족하다고 투덜댔다.

지금도 돈 때문에 그녀에게 모욕당한 일을 잊을 수가 없다. 어느 날 그녀는 자신의 부모님이 나를 어떻게 생각하는지 말해주었다.

"우리 부모님은 너를 좋아하셔. 하지만 부모님은 너를 이해하기 힘들대. 모름지기 패기 있는 청년이라면 스포츠카를 타고 다니거나, 출판사를 차리거나, 정치를 해야 한다는 게 부모님의 생각이셔."

그녀의 부모님은, 마치 내가 그런 것들을 잠시 잊어버리기라도 한 것처럼 너무 쉽게 말씀하셨다. 여기서 알 수 있는 나의 두려움은, 내가 가난하게 태어난 게 누군가에게 최악의 결례가 될 수도 있다는 것이다.

돈 때문에 지속되는 결혼생활

때때로 나는 내가 돈 때문에 결혼생활을 지속하고 있는 건 아닌지 의심스럽다(항상 나보다 아내가 돈을 더 많이 벌었으므로). 어쩌면 나는 아내가 버는 돈 덕분에 결혼생활의 고비를 잘 넘기고 있는지도 모른다. 여기서 알 수 있는 나의 두려움은, 내가 돈에 집착하는 속물스러운 영혼일지도 모른다는 것.

돈 문제에 관한 한 나는 바보다

한번은 누군가의 설득에 넘어가 아주 전망 좋은 부동산을 팔아버린 후, 그 돈을 시원찮은 벤처사업에 투자했다가 몽땅 날린 적이 있다. 그런 끔찍한 결정을 하게 만든 나의 무딘 경제감각을 탓하며, 우리 부부는 몇 년 동안 번뇌의 시간을 보냈다. 여기서 알 수 있는 나의 두려움은 이거다. 경제에 관한 한, 나는 완벽한 바보라는 것.

돈에 관한 상식과 기질이 부족하다는 것

안정적이고 넉넉한 소득을 올리는 데까지 나는 아주 오래 걸렸다. 여기서 알 수 있는 나의 두려움은, 금전적인 면에서 상식이나 기질이 부족하다는 것이다.

돈과의 관계를 개선해줄 올바른 친구 찾기

돈과 당신이 얼마나 밀접한 관계인지를 깨달았다면, 이제부터는 돈 걱정을 다른 걱정들로부터 분리해내는 작업을 시작할 것이다. 이것은 다분히 개인적인 프로젝트다. 그렇지만 반드시 혼자 해야 한다거나, 혼자서만 할 수 있는 일은 아니다.

대부분의 사람들이 돈에 대해 터놓고 이야기하는 것을 금기시하고 있다. 갈등이나 분노, 정직하지 못한 상황 등으로 이어지기 쉽기 때문이다. 최소한 내 경험에 비추어보았을 때, 친구 사이라도 돈에 대한 개인적인 이야기는 서로 하시 않는 게 일반적이다.

  그러나 돈과의 질적인 관계를 향상시키는 데 관심 있는 사람들과 친분을 유지하는 것은 바람직하다. 이제까지 살펴보았던 일련의 과정들, 즉 쓸데없는 감정 버리기, 돈과의 관계를 명확히 하기, 자기이해와 성숙도를 발전시키기 등의 프로젝트는 지극히 개인적인 것이므로, 각자가 생활 속에서 해나가면 된다. 물론 우리가 이 문제에 대해 완전히 이성적인 사회, 즉 모두가 경제 문제에 관해 성숙한 책임감과 장기적 안목을 가진 사회에서 자라고 교육받아왔다면, 문제는 훨씬 더 수월해질 것이다. 그러나 안타깝게도 현실은 그렇지 못하다.

  따라서 우리가 좀 더 나은 비전을 갖도록 도와줄 개인이나 단체들과 교류한다면 도움을 받을 수 있을 것이다. 그렇게 함으로써 돈과 더욱 이성적이고 생산적인 관계를 이어갈 수 있다. 과연 그런 개인이나 단체들은 어떤 사람들일까? 돈에 대해 생각이 많은 사람들이나 투자전략에 관심이 많은 이들을 만나는 것이 그리 도움이 되지 않을 것이다. 그보다는 돈과의 관계에 존재하는 복잡한 매듭을 푸는 것, 즉 돈과 명확하고 정직한 관계를 맺는 데 관심을 갖는 것이 중요하다. 그렇다면 돈과 건전한 관계를 갖도록 도와줄 올바른 친구를 어떻게 찾을 수 있을까? 그러한 사람들에게서 우리가 얻을 수 있는 것은 과연 무엇일까? 지금부터 바람직한 인물의 일곱 가지 유형을 소개하고자 한다.

1. 우리에게 현실을 직시하라고 격려해주는 사람

제인 오스틴Jane Austen의 소설《에마》를 보면, 주인공 에마가 자신보다 신분이 낮은 친구 해리엇에게 부유하면서도 지위가 높은 귀족 남자와 사랑을 해야 한다고 충고한다. 그러나 해리엇의 처지를 생각해보면 그런 남자와 결혼할 가능성은 희박하다. 오히려 과도한 야망 때문에 해리엇의 행복한 인생이 위협을 받을 수도 있다. 우리는 종종 지나치게 과도한 격려로 기대감을 높이는 것이 상대방을 비참하게 만들 수도 있다는 사실을 잊어버린다. 결국 해리엇은 다행히 의식 있는, 적절한 결혼을 한다. 이 경우 '현실을 직시하라'는 말은 해리엇을 모욕하는 얘기가 아니다. 오히려 해리엇의 진정한 욕구를 이해하는 것이다. 에마는 해리엇의 진정한 모습을 제대로 알지 못했다. 해리엇은 행복하게 살기 위해 돈 많은 사람과 결혼할 필요가 없었다.

2. 다른 사람을 모욕하기 위한 수단으로 돈을 이용하지 않는 사람

당신은 때때로 자신의 부를 과시하는 이들과 만나게 될 것이다. 당신이 그들만큼 돈이 많지 않은 이상, 그들 눈에 당신이란 존재는 제대로 들어오지 않는다. 그들이 보기에 당신은 그저 빈곤한 인간일 뿐이다.

그런데 이상하게도, 돈이 많은 사람들만이 우리에게 모욕감을 안겨주는 것은 아니다. 레스토랑에서 당신이 저렴한 와인을 주문할 때 웨이터가 모욕감을 줄 수도 있고, 호텔 프런트 직원이 특실에 묵지 않는 당신에게 비참함과 모욕감을 안겨줄 수도 있다.

사실 우리가 모욕감을 느끼는 이유는 상대방이 나보다 부유해서가 아니다. 그의 말이나 태도에서 '당신이 돈을 많이 써야만, 나는 당신을 존경할 거야'라는 기운이 드러날 때, 우리는 모욕감을 느낀다.

3. 돈에 대한 절망감이나 분노를 전파하지 않는 사람

돈에 대한 두려움을 경멸로 위장하는 사람들이 있다. 그들은 당신도 자신과 같은 태도를 보여주길 바란다. 그들 눈에는 돈을 버는 것과 관련된 모든 행동이 비도덕적이고 불공정하게 보인다. 그들을 그렇게 부추기는 자료들은 얼마든지 있다. 왜냐하면 그들은 나쁜 소식에 대해 늘 소상히 잘 알고 있기 때문이다. 이런 사람들을 무조건 피하라. 그들은 당신의 마음까지 오염시킬 것이다.

4. 좋은 습관을 격려하는 사람

당신에게 좋은 본보기를 보여주는 사람들이다. 그들은 돈을 낭비하는 것이 현명하지 않다고 생각하기 때문에, 돈이 없으면 없는 대로 그냥 잘 지낸다. 헌옷을 사 입더라도 전혀 부끄럽게 여기지 않는다. 오히려 지각 있는 소비라고 자랑스러워한다.

5. 자신의 경제적 경험에 대해 솔직한 사람

사실 돈에 대해 아무런 생각이 없었던 나는, 사업가 친구가 해준 얘기 덕분에 돈에 대한 무심한 태도를 바꿀 수 있었다. 지금은 큰 성공을 거두었지만, 그는 10년 전에 부도를 당해 모든 걸 잃었다. 그는 낭시를 회상하며 나에게 기업을 경영하는 것이 얼마나 의미 있고 자랑스러운지에 대해, 도산을 피하려고 얼마나 필사적인 노력을 기울였는지에 대해 이야기했다. 하지만 그는 결국 회사를 지키지 못해 극심한 절망에 빠졌고, 2~3년 동안 근근이 연명해야만 했다. 그 암울했던 시간에 대해 들으면서 나는 진심으로 깊은 감동을 받았다.

그의 이야기는 무척이나 감동적이고 진정성이 있었기에, 나는 '과연 나라면 그 상황에서 어떻게 했을까?'를 상상하고 고민해볼 수 있었다. 이거야말로 우리가 다른 사람의 경험을 통해 뭔가를 배울 수 있는 가장 이상적인 모습이 아닐까? 그러나 이는 상대방이 진심으로 자신의 경험을 솔직히 털어놓아야만 가능한 교감이다. 타인의 삶의 이면에 대해 듣게 되는 일은 흔치 않다. 대부분은 겉으로 보이는 남들의 모습을 통해, 돈에 대한 자각과 의식을 형성하게 된다.

어쨌든 누군가가 올바른 본보기를 제시해주면, 다른 사람들이 따를 수 있으니 좋은 것 아닌가? 내가 먼저 마음의 문을 열면, 상대도 나를 따라 마음을 열게 되어 있다.

6. 자신의 생각을 강요하지 않고 당신 이야기를 열심히 들어주는 사람

살다 보면 "너는 이렇게 해야 해!"라고 말하는 이들을 자주 만난다. 그런데 그 말의 속뜻은 '나도 이렇게 했으니까 너도 이렇게 해야 해!'다. 하지만 그런 말을 듣고 "네가 그렇게 했다고 해서 나도 그렇게 해야 하는 이유가 뭔데?"라고 묻는 사람은 거의 없다. 물론 답을 해주는 사람도 없다. 우리는 너무 자주 남에게 "너도 나처럼 해!"라고 강요하며, 자신의 삶을 다른 이들의 본보기로 만들려고 한다. 남의 이야기를 들어준다는 것은 자신의 생각을 강요하는 게 아니라, 상대방에게 실제 어떤 일이 있었는지를 들어주는 것이다.

7. 돈에 대해 확실하게 설명해주며 어떤 어려움에도 당황하지 않는 사람

이런 사람들은 우리가 현재 처한 상황과 기회와 역경에 대해 좀 더 명확하게 판단할 수 있도록, 우리의 마음을 열어준다. 스스로 자신의 사고방식이나 삶과 세상에 대한 추측이, 타당하고 진심이고 끝까지 변함없을 거라고 생각하는 것은 매우 당연하다.

그러나 진정한 '돈 친구'는 이러한 고정관념을 재검토하고 수정하라고 권한다. 그렇다고 우리의 비이성적인 두려움이나 편견 같은 것을 무턱대고 일축해버리라는 뜻은 아니다. 진정한 돈 친구는 충분한 교감을 통해 그런 두려움과 편견조차 균형을 이루고 유용하게 활용할 수 있도록 돕는다. 다른 모든 친구들이 그렇듯이, 지금까지 나열한 바람직한 돈 친구들은 우리가 더 현명하고 더 현실적이고 더 만족스러운 삶을 살 수 있도록 도와준다.

***디캔터** 포도주 등을 병에서 따라내어 상에 낼 때 쓰는, 보기 좋게 만든 유리병.

그렇다면, 돈이란 무엇인가?

Chap 6 What is Money?

지금까지 우리는 사람들이 돈에 대해 규정했던 상징적인 의미들을 벗겨왔다. 이제 무엇이 남았을까? 돈을 원래의 진정한 의미로 이해한다는 건 과연 어떤 뜻일까?

돈은 근본적으로 교환의 수단이다. 고대사회에서 돈은 물물교환에 필요한 매개물이었다. 그러므로 돈 자체는 매우 관념적이고 추상적이다. 무엇이든 돈이 될 수 있고, 돈 역시 무엇이든 될 수 있다. 예를 들어 돈은 가전제품 유통망을 조직하기 위해 쏟아부은 재능일 수도 있고, 한 아이를 위한 방과 후 테니스 수업일 수도 있으며, 새로운 침실 커튼일 수도 있다.

무슨 말인가 하면, 우리 통장에 있는 돈은 돈 이전에 일이나 사업과 같은 다른 형태였다는 뜻이다. 마찬가지로 현재의 돈이 미래에는 소유물이나 경험과 같은 또 다른 무엇이 될 수 있다.

돈에 대한 또 다른 표준적 정의는, '돈은 가치관의 창고'라는 것이다. 이 말은 돈이 언제든지 다른 것이 될 수 있음을 강조하는 말이다. 돈과 함께하는 삶은 다음과 같은 두 가지로 분석될 수 있다.

1. 어떻게 돈을 소유물과 경험으로 전환시킬 것인가

쉽게 말해 돈을 주고 무언가를 '사는' 것이다. 이것은 아주 중요하다. 당신은 당신의 돈을 어떤 물건과 경험으로 바꿀 것인가? 당신은 얼마나 효과적으로 전환할 수 있는가?

2. 어떻게 일과 사업을 돈으로 전환시킬 것인가

쉽게 말해 돈을 '버는' 것이다. 이것 역시 아주 중요하다. 당신의 어떤 노력과 활동을 돈으로 바꿀 수 있을까? 당신의 노력과 활동은 얼마나 많은 돈으로 전환될까?

그래서 두 가지가 합쳐지면 이렇게 된다.

앞에서 언급한 두 가지 주제를 다른 말로 바꾸면, 돈으로 전환될 수 있는(즉 돈을 벌 수 있는) 활동과 노력의 본질은 무엇일까? 그리고 돈과 바꿀 수 있는(돈으로 살 수 있는) 소유물과 경험의 본질은 무엇인가?

우리가 느끼는 일반적인 두려움 중 하나는, 우리가 하는 노력의 가치가 줄어들거나 사라져버리는 것이다. 그 노력을 돈으로 바꿀 수 있다 해도, 노력의 가치가 줄어들거나 사라진다면 불만족스러운 거래가 된다. 노력 자체가 당신이라는 존재에서 중요한 부분을 차지하기 때문이다. '우리가 하는 행동이 곧 우리 자신이다We are what we do'라는 말을 들어본 적 있는가? 그렇기 때문에 당신이 '가치가 있다'고 생각지 않는 일에 인생의 많은 시간을 할애하는 것은, 영혼을 망가뜨리는 매우 우울한 일이다.

또 다른 일반적인 두려움은, 대체로 돈이 충분한데도 그것을 만족스러운 소유물이나 경험으로 바꿀 수 없다는 것이다. 돈 자체는 당신에게 '어떻게 하면 그렇게 할 수 있는지' 하는 방법을 알려주지 않는다.

돈과의 관계가 비정상적인 것으로 바뀔 때

우리가 살면서 궁극적으로 해야 할 일은 바로 이런 것이 아닐까? 본질적으로 가치 있는 노력이나 활동을, 진정한 가치를 가진 영속적인 소유물과 경험으로 전환시키는 것, 이것이 바람직한 돈의 순환이다.

우리가 이 순환고리에서 '관계'를 없애려고 할 때, 돈과의 관계는 비정상적인 것이 된다. 특히 그런 일은 우리가 돈을 잠재적인 소유물이나 경험으로 보지 않거나, 소유물과 경험을 돈으로만 볼 때 자주 발생한다. 쉽게 말해, 그림을 그림으로 보지 않고 오직 돈으로만 본다든지, 교육을 교육으로 보지 않고 단지 돈 버는 수단으로 생각할 때 돈과의 관계가 비정상적으로 변질된다는 말이다. 또한 우리가 하는 노력이나 활동을 본질적 가치의 평가로 보지 않고, 단순히 돈을 버는 수단으로만 볼 때도 비정상적인 관계가 된다.

앞에서 나열한 각각의 경우에 잠재된 실수는 모두 같다. 둘 다 '수단'을 '목적'으로 간주하고 있다는 것이 문제다. 다시 말해 사람들은 교환의 매체(혹은 수단) 그 자체를 진짜 존재로 취급하고 있다.

예를 들어보자. 요즘 사람들은 집을 투자 대상으로 간주한다. 이때 집은 돌과 회반죽, 또는 유리와 철 속에 한동안 저장되어 있는 일정양의 돈을 상징한다. 결국 그것은 다시 돈으로 전환될 것이다. 항상 제1의 고려대상이 되는 것은 돈이다. 건물은 단지 이상하게 생긴, 돈의 또 다른 형태일 뿐이다.

한편, 집은 대개 '가정home'으로 인식된다. 집은 그 안에서 함께 사는 사람들의 경험을 담고 있다. 어린 시절의 추억도 담겨 있고, 개인적인 취향을 표현해주기도 한다. 우정을 키우는 곳이기도 하다. 물론 그런 집을 가지려면 돈이 필요하다. 하지만 돈이 전부는 아니다. 돈은 단지 그런 멋진 일들이 일어나도록 돕는 수단일 뿐이다.

지금 우리는 심리적인 문제에 대해 이야기하고 있다. 말하자면 '태도'에 관한 문제다. 한 사람의 마음속에, 집은 우선적으로 '가정'이고 두 번째로는 경제적인 수단인가? 아니면 우선적으로 경제적 관심사이고, 두 번째로 삶을 영위하는 장소인가? 어떤 태도가 바람직한지는 굳이 따로 말하지 않아도 분명히 알 거라고 생각한다.

돈에 관해 이러한 시각을 갖게 되면, 우리가 돈을 대하는 태도에 따라 돈이 우리가 원하는 행복한 삶을 도울 수도 있고 방해할 수도 있다는 사실을 알게 될 것이다. 그렇다면 이제부터 돈에 관한 우리의 태도에 대해 탐구해보자.

How to Worry Less about Money
John Armstrong

**THE
SCHOOL
OF LIFE**

돈과 좋은 삶
Money and the Good Life

Part 4

삶의 구성요소로서의 돈

Chap 7 Money as an Ingredient

이제까지 살펴본 것과 같이, 편견을 벗겨낸 돈 자체는 교환의 수단에 불과하다. 다른 말로 하면, 돈은 그저 도구instrument일 뿐이다. 대수롭지 않게 들릴지 모르지만, 이는 대단히 중요한 문제다. 다음과 같은 중요한 두 가지 질문을 제기하기 때문이다. 첫째, 돈은 무엇을 위한 수단인가? 둘째, 어떻게 해야 목적을 이루기 위해 돈을 효과적으로 쓸 수 있을까?

첫 번째 질문에 대한 가장 단순한 답은, 돈이 더 많으면 내가 원하는 것을 더 쉽게 가질 수 있다는 것이다. 자동차, 아파트, 휴가, 배우자, 사회적 신분, 사랑 등은 나를 행복하게 해주는 것들이다.

그러나 '행복'이라는 측면에서 볼 때, 돈은 수확체감의 법칙에 해당된다는 유명한 이론이 있다. 수확체감의 법칙이란, 쉽게 말해 일정한 농지에서 작업하는 노동자의 수가 많아질수록 1인당 수확량은 점차 적어진다는 경제법칙이다.

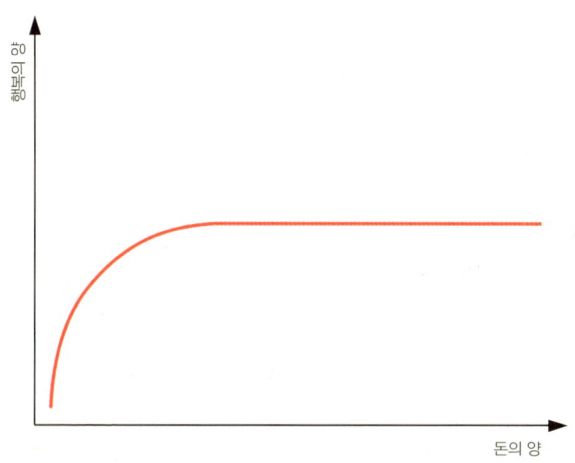

위의 그래프에서 보듯이, 무일푼이던 사람이 어느 정도의 돈을 갖게 되면 행복의 수치가 급격하게 상승한다. 하지만 점차 평행을 유지하다 어느 순간이 되면 더 이상 상승하지 않는 것을 볼 수 있다. 평균 소득은 돈을 나타내는 가로축의 중간쯤에 해당될 것이다.

사실, 이는 그다지 놀랄 만한 것도 아니다. 보통 행복을 말할 때 당신은 가장 먼저 어떤 감정이 떠오르는가? 아마도 흥분과 평온이 혼합된 기분일 것이다. 즉 신이 나면서도 안전한 느낌 말이다. 그런데 아이러니하게도 현실에서 돈은 이러한 감정들과 점차 감소하는 관계를 유지한다. 돈이 많아질수록 이러한 감정들이 줄어든다는 말이다.

돈만 있으면 고급 호텔방이나 전원별장과 같이 평온함을 느끼게 하는 것들을 손쉽게 얻을 수 있다. 그러나 그런 것들 말고도 당신에게 평온함을 줄 수 있는 것은 많다. 돈과 관련이 없는 것들, 예를 들어 좋은 날씨, 편안하고 익숙한 친구들, 몸을 움직여 운동하는 것, 신앙생활, 음악감상 등이다.

또한 돈은 흥분이나 활기와 연관되어 있다. 돈이 있으면 멋진 옷이나 액세서리로 멋을 낼 수 있고, 샴페인을 마시며 레드카펫 위에서 펼쳐지는 파티를 즐길 수도 있으며, 모험을 하거나 호화스러운 여행을 떠나기 위해 비행기 표를 살 수도 있다. 그러나 이런 것들을 다 가진 사람들도 때때로(혹은 항상) 슬프고 우울할 수 있다는 것을 우리는 너무도 잘 안다.

여기서 느낄 수 있는 게 하나 있다. 돈으로 평온함과 활기의 상징이 되는 것들을 살 수는 있지만, 그 원인은 살 수 없다는 것. 즉 '돈으로 행복을 살 수 없다'는 평범한 사실을 솔직하게 인정해야만 한다.

왜 행복이 아닌
성공을 말하는가?

평온함과 쾌활함은 분명 매력적이다. 그러나 사람들이 인생에서 정말 원하는 것을 가져다주지는 못한다. 대부분의 사람들은 살면서 다른 사람을 위해 무언가를 해야 한다는 책임감을 느낀다. 타인의 삶에 기여하지 못할까 봐, 혹은 상냥함을 베풀지 못할까 봐, 아니면 인생을 쓸데없이 허비할까 봐 두려워하는 마음이 다들 있다.

물론 가치 있는 일을 한다고 해서 항상 기분이 좋은 것은 아니다. 포기하고 싶어도 버텨야 하고, 다른 사람들을 짜증 나게 할 수도 있고, 경쟁에서 비롯된 고뇌를 감내해야 하고, 거절당하거나 아주 단순한 일에 심혈을 기울여야 할 때도 있다. 잘 산다는 것은 당신에게 중요한 일을 하고, 당신의 능력을 발휘하고, 당신이 관심 있는 것을 찾아 생기를 불어넣기 위해 적극적으로 노력하는 것을 의미한다. 그러나 그러한 활동들은 만족감과 승리감, 짜릿한 순간을 맛보게 해주는 한편, 실패나 차질에 대한 두려움과 고민을 안겨주기도 한다.

삶에는 여러 종류가 있다. 행복한 삶은 그중 하나일 뿐이다. 삶에는 고통과 외로움과 실망이 존재하고, 자신뿐 아니라 사랑하는 사람들의 죽음도 받아들여야 하는 일련의 과정이 포함되어 있다. 결국 행복한 삶도 그 모든 것을 다 포함하는 것이다.

잘 산다는 것은, 자신의 능력을 최대한 활용해 가치 있다고 여기는 일에 동참하는 것이다. 또한 스스로를 최선의 모습으로 만들고 표현해, 마침내 진짜 열망하는 것을 얻는 것이다. 우리가 인생에서 원하는 것이 무엇인지 말할 때, '잘 사는 것'이 '행복'보다는 좀 더 정확한 표현인 이유다.

돈과 잘 사는 삶은 어떤 관계인가?

내면의 평온함과 활기라는 측면을 생각해보면, 결코 돈이 더 많다고 더 행복한 것은 아니다. 잠깐의 행복은 줄 수 있을지 몰라도, 최소한 장기적으로는 돈 때문에 행복해질 수 없다. 또한 그 행복의 질적 수준이라는 게 그리 높지 않다. 돈으로 얻는 행복은 매우 낮은 만족에 그칠 때가 많다. 따라서 당신이 진짜 행복한 삶을 살고 싶다면, 단순히 더 많은 돈을 추구하는 전략은 결코 권하고 싶지 않다.

그러나 만약 우리가 잘 사는 삶을 염두에 둔다면 돈의 역할은 아주 많이 달라진다. 돈의 뛰어난 능력은 행동을 유발시키고 우리로 하여금 물질을 소유하게 하는 것이다. 돈은 힘과 영향력의 원천이다.

돈은 평온함과 활기를 얻을 수 있는 지름길은 아니다. 그러나 잘 사는 삶과 돈 사이에는 밀접한 관계가 있다. 왜냐하면 돈은 당신이 변하도록 도와주고, 당신이 관심 있는 것을 추구하게 해주고, 당신과 타인의 재능을 개발하도록 도울 수 있기 때문이다.

잠재적으로 잘 사는 삶은 돈이 증가함에 따라 '잘 살 가능성'도 계

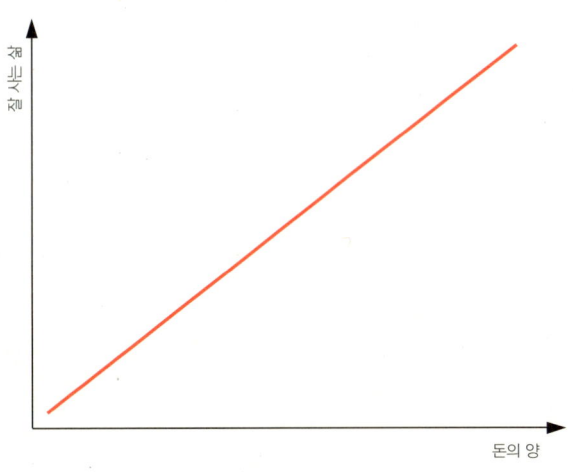

속 높아진다. 이 선은, 우리가 앞에서 봤던 돈과 행복의 그래프와는 달리, 평행선으로 꺾이지 않는다. 즉 잘 사는 삶에는 한계가 없다. 돈이 많아질수록 잘 살 수 있는 가능성도 항상 증가한다.

다만 한 가지 주의할 점은, 돈이 성공적인 삶의 유일한 요인은 아니라는 점이다. 앞에서도 말했지만, 돈은 삶을 구성하는 여러 요소 중 하나이자, 수단일 뿐이다.

돈은 삶의 구성요소 중 하나다

돈이라는 구성요소만으로 할 수 있는 일은 사실상 지극히 적다. 그러나 돈이 없으면 불가능한 일 역시 매우 많다. 이러한 논리는 듣고 보면 매우 간단하고 친숙하다. 막상 우리가 돈을 떠올릴 때 늘 간과한다는 것이 문제지만.

돈은 좋은 결과를 가져다준다(행복한 인생을 살 수 있도록 도와준다). 단, 선virtues과 결합되었을 때에만 가능하다. 선은 우리의 마음과 성격이 지닌 훌륭한 능력이다.

평온함이라든지 의기양양한 기분을 거침없이 추구한다고 해서, 그것이 무조건 이기적이거나 탐욕스럽거나 반사회적인 것은 아니다. 개인의 능력을 잘 발휘하는 것은 집단 전체의 행복을 증가시키기 때문에, 개개인의 진정한 성공은 집단 전체에 이익을 가져온다. 하지만 내 경우에는 나의 개인적인 평온함과 활기가 다른 사람들의 인생에 아무런 도움이 되지 않는 것 같다.

프로젝트	돈이 가져다주는 것	필요한 덕목	그런 덕목 없이 돈만으로 얻을 수 있는 것
멋진 집	집(부동산)의 규모와 위치에 대한 선택권, 가구와 가전제품에 대한 선택권, 도움을 받을 수 있는 기회	뛰어난 스타일, 훌륭한 안목, 친밀한 관계, 유쾌한 성격	천박한 인테리어, 가식적이고 우울한 사교적 환경, 결단력, 고집, 뛰어난 취향
행복한 휴가	운신의 자유, 어디서 묵고 무엇을 먹고 무엇을 할 것인지에 대한 선택권	목적의식, 자기이해, 신중함, 융통성, 모험정신	피상적인 여흥, 밋밋한 추억, 얕고 진정성 없는 문화적 경험, 자기부정과 불만족
훌륭한 교육	추가의 기회, 더 오래 교육받을 수 있는 기회, 더 많은 기회와 도움을 받을 수 있는 기회	배우고자 하는 의지와 열망, 자기발전에 대한 올바른 비전, 지능적인 사업감각과 열정, 지혜와 자신감 추구	영감이나 통찰력 없는 정신, 동기와 성취감의 결여, 사려 깊지 못함, 특권의식에 빠진 삶, 죄의식 또는 거부감(지루함)

살면서 돈이 얼마나 필요할까?

이것은 아주 중요한 질문이다. 아무 생각 없이 "당연히 많으면 많을수록 좋지!" 하는 식의 대답을 툭 던져서는 안 된다. 돈이 인생의 구성요소 중 하나라는 개념을 확실하게 인지한 후에, "내 인생에는 얼마만큼의 돈이 필요한가?"라는 질문을 해야만 한다. 다음과 같은 좀 더 구체적인 질문에 대해 생각해보자.

1. 나의 진정한 목표는 무엇인가?

예를 들어 행복한 가정을 꾸리는 것, 정신세계를 훌륭하게 계발하고 가꾸는 것, 세상과 풍요로운 관계를 맺는 것 등이 답이 될 수 있다. 당신은 어떤가?

2. 이러한 것들을 얻기 위해 돈 외에 중요한 것은 무엇인가?

3. 나의 진정한 목표에 접근하는 데 돈이 기여하는 바는 무엇인가?

이런 질문이 해결되어야만, 돈의 여러 가지 측면에 대해 설명할 수 있다. 그래야만 우리가 무엇 때문에 돈이 필요한지 알 수 있을 것이다. 이들 질문에 당신의 답을 써보는 것이 중요하다.

이에 관해서는 뒤에서 더 자세히 탐구하기로 하자. 이어지는 장에서는 '돈이 사랑이나 섹스와 얼마나 밀접한 관련이 있는가?' 하는 문제를 먼저 살펴볼 것이다. 돈이 삶의 구성요소 중 하나라고 인정했을 때, 그 사실이 '돈과 사랑'에 관한 문제를 해결하는 데 과연 도움이 될까?

사랑과 섹스를
돈으로 해결할 수 있나?

Chap 8 Jane Austen's Theory of Marriage

앞에서 우리는 돈이 삶의 구성요소 중 하나라고 이야기했다. 이러한 방식으로 접근했을 때, 우리는 돈이 다른 사람들과 좋은 관계를 맺거나 사랑을 성취하는 데도 중요한 역할을 한다는 사실을 알 수 있었다.

대부분의 사람들은 물질적인 욕구를 영적 희망이나 로맨틱한 열망과 결합시키는 것을 어색하게 여기는 경향이 있다(정확히 말하면 불쾌하고 위험하다고). 마치 그 둘은 아무런 관련이 없다고 말해야만 할 것 같은 압박감을 느낀다. 물질적인 욕구를 숭고한 정신과 연관 짓다니, 이 얼마나 상스럽고 천박한 짓인가!

이처럼 우리는 돈이나 재산처럼 속물스러운 것들에 무심해야 한다고 말해주는 낭만적인 전통을 물려받았다. 이런 사고방식은 TV 멜로드라마에서도 자주 볼 수 있다. 가령 아주 매력적이지만 가난한 남자와 거만하고 천박한 부자 남자의 대결구도라든가, 가난하지만 행복한 커플과 부유하지만 불행한 커플의 대조적인 모습 같은 것 말이다. 그러나 우리가 가장 사랑하는 로맨스 작가인 제인 오스틴은, 돈과 사랑의 연관관계에 대해 아주 실용주의적인 시각을 보여준다.

<u>돈은 사랑이나 섹스와 어떤 관련이 있는가?</u>

길게 보면 대부분의 사람들에게, 사랑은 경제적 조건이 주는 일종의 건전한 혜택이다(여기서 '사랑'은 당연히 섹스를 의미하는 것인데, 제인 오스틴은 매우 고매한 사람이라 직접적으로 언급하진 않았다). 물론 이것이 불변의 자연법칙은 아니므로 예외가 있게 마련이다.

그런데 이를 반대로 해석하면 어떨까? 제인 오스틴은 돈 자체가 우리에게 사랑뿐 아니라 행복한 성생활을 가져다준다고 단언하지는 않았다. 그녀는 돈을 '삶의 구성요소'로 접근했다. 즉 돈은 훌륭하고 바람직한 다른 요소들과 결합되었을 때만 아주 중요한 의미가 있지, 돈 자체만으로는 아무런 의미가 없다는 것이다. 이것이 바로 그녀가 지지하는 돈에 관한 이론이다. 제인 오스틴의 소설에 등장하는 인물들 중에서 가장 부유한 사람은, 소설《맨스필드 파크》에 나오는 의지박약 지주인 미스터 러시워스다. 그러나 그의 결혼은 완벽한 실패였다.

제인 오스틴은 결속력이 강한, 안정적이고 만족스러운 관계를 위해서는 몇 가지 중요한 기본요소들이 필요하다고 말했다. 그중 하나가 경제적인 요소다. 그녀는 살면서 필요한 돈의 액수에 대해서까지 아주 구체적으로 언급했다.

예를 들어《이성과 감성》에서, 그녀는 엘리너 대시우드를 에드워드 퍼라스와 결혼시킨다. 그들의 연 수입은 둘이 합쳐 850파운드 정도로, 그녀의 소설에 나오는 결혼한 주인공들 중에서 가장 적다. 그러나 당시의 일반적인 소득수준에 비하면 꽤 많은 액수다. 그리고 이 소설의 상당 부분이 두 사람의 수입이 충분하며, '충분하다'의 적절한 정의가 무엇인지에 초점을 맞추고 있다. 또한 제인 오스틴은 두 사람이 적은 수입으로도 만족하며 살 수 있는 성품과 자질을 갖추고 있음을 우리에게 보여주었다.

한편 이 소설의 반反영웅적 인물인 윌러비는 안정적인 삶을 영위하기에 충분한 돈을 갖고 있었다. 그러나 그는 돈을 물 쓰듯 쓰는 사치스러운 사람이어서, 메리앤 대시우드와 사랑에 빠졌지만 결혼할 수 없었다. 재산을 다 탕진했기 때문이다. 결국 윌러비는 빚을 갚기 위해 돈과 결혼해야만 했다. 그에게 메리앤은 금전적인 관점에서 보았을 때 좋은 배우자감이 아니었다. 제인 오스틴은 못된 상속녀를 윌러비와 엮어줌으로써 그에게 완벽한 벌을 준다.

가장 잘 알려진 소설《오만과 편견》에서 베넷의 이웃인 샬럿 루카스는 부족할 것 없는 부자인 미스터 콜린스와 결혼한다. 그러나 두 사람은 좋은 관계를 유지할 수 없었다. 왜냐하면 콜린스는 돈만 많았지 인간관계에 필요한 여러 자질들이 매우 부족했기 때문이다.

관계의 목표는 두 사람이 함께 잘 사는 것

제인 오스틴은 우리에게 한 가지 교훈을 가르쳐주었다. 돈은 필요조건이기는 하지만 충분조건은 아니라는 사실 말이다. 그러나 그녀는 또한 '사람에게 돈이 얼마나 필요한가?' 하는 질문이 아주 중요하다고 충고하고 있다. 우리는 돈의 중요성을 논하면서 아무 생각 없이 '많으면 많을수록 좋지!'라고 생각하는 경향이 있다. 그러나 제인 오스틴의 생각은 전혀 달랐다.

'구성요소로서의 돈'이라는 접근방식은 우리에게 돈에 관심을 갖고 진지하게 균형을 잡으라고 요구한다. 만약 돈에 대해 올바른 태도를 가지고 있다면 적은 돈으로도 생활을 꾸려나갈 수 있지만, 그릇된 태도를 갖고 있다면 아무리 돈이 많아도 만족스럽게 살 수 없다.

그런데 오로지 돈 때문에 결혼하는 것은 차원이 다른 문제다. 두 사람 사이의 관계에서 경제력을 중요시하는 것과는 완전히 다른 문제라는 얘기다. 돈이 결혼의 직접적인 이유가 된다는 것은, '마음 가는 대로 따라가라'는 남녀관계의 기본원칙에 상충되는 것이기도 하다. 돈 귀신이라도 붙었는지, 돈 때문에 죽고 못 사는 사람처럼 보이지 않는가?

그런데 사실 아주 조금쯤은 누구나 그런 면을 갖고 있다. 공교롭게도 돈과의 관계에서 바로 그것이 우리가 도달해야 하는 결론이다. 돈과 충분히 안정적이고 참을 만하며 오래 지속되는 관계를 맺는 것은, 인간이 이뤄야 할 복합적인 성과다. 따라서 돈과 우리의 관계는, 우정과도, 사업상의 파트너십과도 공통점이 있다.

가령 미래의 배우자가 "내 돈만 아니라면 당신은 나랑 결혼하지 않을 거야!"라고 말했다 치자(결혼을 결심한 사람이 반드시 알아야 하는 가장 중요한 사항이 뭔지 아는가? 바로 결혼이 엄청나게 복잡한 일이라는 것이다). 그 질문에 대한 합리적인 대답은 이렇다. "나는 금전적인 문제와 상관없이 당신과 결혼하고 싶어. 하지만 당신이 그렇게 말한다면 당신과의 결혼이 그다지 현명한 선택이 아닌 것 같아. 결혼하길 원하는 내 마음이 궁극적으로 훌륭한 생각은 아니란 얘기지."

이것을 다른 시각에서 바라보자. 모든 '훌륭한 생각'들이 감정적인 측면까지 싸잡아 '설득력 있는' 것은 아니다. 바람직한 경제관념과 안정적인 재산을 가진 사람과 결혼하는 것은 아주 바람직한 일이라고 나는 생각한다. 비록 그 관계가 다른 면에서는 덜 매력적이라도 말이다. 관계의 목표는 두 사람이 함께 잘 사는 것이다. 돈은 '잘 사는 삶'에서 아주 중요한 요소이기 때문에, 결혼을 결심할 때도 중요한 요소가 된다.

돈과 섹스

혹시 오로지 돈으로 미모의 아내를 얻은 역겨운 부자 남자의 이미지를 떠올리고 있는가? 물론 이런 관계는 건전하지 못한 것이다. 그러나 돈이 성적인 행복과 긍정적으로 연관된 경우는 생각보다 많다.

1. 누군가에게 돈은 정력제다

사실 이는 신기할 것도 없다. 상상해보면 돈은 사회적 신분이나 미래의 성공을 상징한다. 이러한 것들이 성욕과 관련될 수 있다는 점은 충분히 예상하고도 남는다.

2. 돈으로 명품과 프라이버시, 성적인 자극을 살 수 있다

요즘 사람들의 인간관계의 면면을 살펴보면, 시간과 기회의 부족으로 성적인 행동이 위기를 맞고 있다. 우리는 늘 이런 불만을 털어놓는다. 만약 그(혹은 그녀)와 고급 호텔에 갈 수만 있다면, 아이들을 보모한테 맡길 수만 있다면, 좀 더 멋져 보이도록 근사한 옷을 사고 헤어스타일을 바꿀 수 있다면….

3. 돈은 인간관계의 취약성을 감소시켜준다

전망 좋은 자산에 공동 투자를 할 때, 동업자와의 파트너십이 깨지는 경우는 별로 없다(전혀 없다는 뜻은 아니다). 아무리 서로에게 유익한 관계라 할지라도, 당장 문을 박차고 나가버리고 싶을 만큼 스트레스를 주는(혹은 받는) 경우도 엄청 많다. 그러나 돈은 부부가 현재의 문제를 함께 잘 극복하고 결혼을 유지하도록 하는 이유를 제공한다.

4. 사람들은 부자에게 너그럽다

좀 더 추측해보면, 돈이 많다는 것은 사람들로 하여금 인간의 본성을 좀 더 너그럽게 판단하게 만드는 경향이 있다. 그래서 가끔 부자들의 불륜이나 은밀한 쾌락을 충격적인 사건이나 큰 문제로 받아들이지 않는 것이다(그러나 솔직히 나는 이것이 정말인지 잘 모르겠다).

이러한 결론은 '결혼'에서 돈이 얼마나 중요한지를 설명하는 데 도움이 된다. 성적인 불행은 부부관계를 파국으로 몰아가는 아주 결정적인 요인이기 때문이다(그래서 부부의 섹스를 돕는 것은 무엇이든 결혼생활을 유지하는 데 도움이 된다).

결혼이라는 파트너십은, 부를 창출하는 데 불평등한 부담을 지울 수도 있다. 쉽게 말해, 돈을 잘 벌거나 재산을 늘리는 데 유능한 사람은 자신과 마찬가지로 그 방면에 유능한 사람과 파트너십을 맺는 것이 가장 이상적이다. 이 두 사람은 자기 자신뿐 아니라 주변 사람들을 위해, 부자가 되는 최상의 기회를 만들어낼 수 있는 재능과 바람직한 의식을 갖추고 있다.

이런 조합은 대단히 훌륭하기 짝이 없다. 이들의 전문성이 결합되면 이윤창출에 관한 시너지가 크게 상승할 뿐 아니라, 이익을 널리 퍼트리기 때문이다. 결국 두 사람은 각자가 일궈낸 부와 성공의 이점을 함께 향유한다. 이러한 사실은 중요한 시사점을 던져준다. 적절한 파트너를 탐색할 때, 상대방이 가진 돈과 돈에 대한 태도를 반드시 고려해야 한다는 점이다.

나의 경험에 비추어보아도, 돈에 대한 걱정은 부부관계에 심각한 갈등을 유발하는 원인이다. 솔직히 말하면 나는 내 아내 헬렌보다 늘 수입이 적어서 아내의 인생에 피해를 줄까 봐 걱정스럽다. 우리 부부 특유의 갈등도 있다. 돈에 대한 태도의 차이인데, 나는 '쓰면서 살자' 주의자라서 쓸데없는 데 돈 쓰는 것을 좋아하지만, 내 아내는 무척 금욕적이다. 가령 나는 코스 요리가 나오는 근사한 레스토랑을 좋아하지만, 아내는 이런 철없는 나를 끌고 동네 어귀의 저렴한 패밀리 레스토랑에 간다. 아니면 집에서 맛있는 닭고기 수프를 만들어 먹자고 주장한다.

그런데 이 문제는 해결하기가 아주 까다롭다. 왜냐하면 우리는 각자 자신의 수입에 반대되는 소비패턴과 취향을 갖고 있기 때문이다. 금전적인 측면에서 아내는 풀 먹인 빳빳한 냅킨이 나오는 식당에 갈 자격이 있지만, 솔직히 말하면 난 그렇지 못하다. 사실 나는 아직도 이 사실을 인정하는 게 괴롭다. 때때로 우리는 서로에게 이렇게 소리 지르고 싶을 것이다.

"당신은 왜 나처럼 살지 않는 거야?"

그러나 나는 인정하지 않을 수 없다. 아내와 살아서 천만다행이라는 것을. 나 같은 사람과 사는 것이 얼마나 위험한 일인지 잘 알고 있으니까. 만약 내가 나 같은 배우자랑 살았다면, 카드빚 때문에 얼마 못 가 파산하고 결혼생활도 파탄이 났을 것이다. 그런 나락으로 빠지지 않은 대신, 우리는 갈등과 싸움을 얻었다. 하지만 파산하는 것보다 그쪽이 훨씬 덜 심각하지 않을까.

나는 그곳에 사는 사람들이 부럽다

Chap 9 Envy as Education

햄스테드Hampstead에 위치한 웰 워크Well Walk는 런던 북부 교외에서 가장 매혹적인 구시가지 중 하나다. 그중에서도 내가 특별히 좋아하는 곳은 길의 끝 쪽, 즉 햄스테드 해스Hampstead Heath와 가장 가까이 있는 쪽이다. 숲과 풀밭이 보이지만 부분적으로 대도시의 느낌이 나는, 매우 한적하고도 아름다운 곳이다. 또한 고색창연한 좁은 도로 양쪽으로 다양한 스타일의 멋진 집들이 다정하게 늘어서 있다.

나는 오래전부터 그 길가에 있는, 천장이 높은 1층집을 꿈꿔왔다. 멋진 양장본들이 가득한 서재와 복도 끝 모퉁이에 위치한 아이들의 침실, 아가Aga 레인지*가 설치된 주방, 그리고 높은 울타리와 풍성한 목초들이 가득한 정원이 딸린 집…. 여름날 저녁이면 유쾌하고 지적

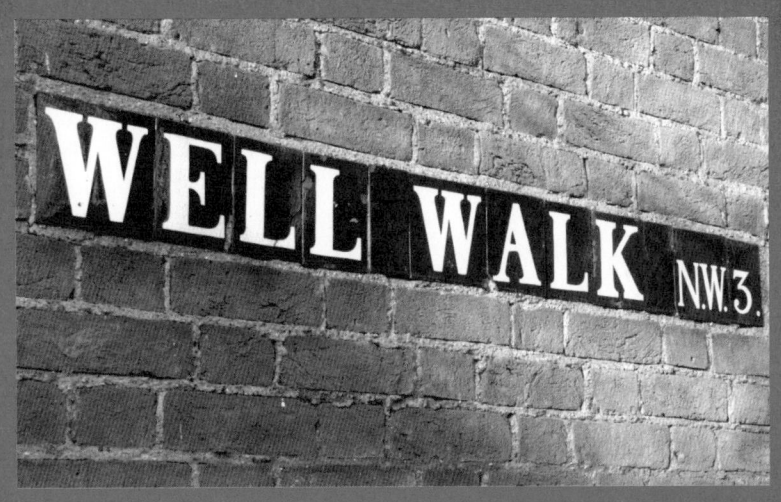

나는
그곳에 사는 사람들이
무척 부럽다!

인 친구들과 화이트 와인을 마시며 토론을 하고, 겨울에는 벽난로 앞에 놓인 큰 소파에 몸을 젖히고 편안히 앉아 있을 수 있는 그런 멋진 집 말이다.

돈과 관련된 개인적인 경험들에 대해 얘기하다 보면, 거의 대부분의 사람들이 자신이 살고 싶은 집에 관한 아주 전형적인 바람을 드러낸다. 당신이 간절히 원했던 것을 떠올려보라. 그것이 당신에게 이렇게 속삭일 것이다. 그걸 가지면 당신은 정말 행복해질 거라고. 당신과 당신이 사랑하는 사람들은 그걸 가져야만 성공한 거라고. 그런데 그것은 당신을 무척 불안하게 만든다. 당신이 그것을 결코 가질 수 없음을 잘 알고 있기 때문이다.

어떤 면에서 그것은 지극히 타당하고 훌륭한 꿈이다. 부동산 시세는 잠시 접어두고, 내가 머릿속에 그린 것은 행복한 가정을 보여주는 아주 품위 있고 적절한 장면이다. 결코 탐욕스럽거나 사치스러운 것이 아니다. 아내와 아이들도 그곳으로 이사하기를 원할 것이다. 그런 분위기와 환경은 우리 가족에게 딱 맞으니까.

부러움과 질투를
어디에 활용할 것인가?

그러나 내가 꿈꾸는 그 모든 것들은 내 경제력을 감안할 때 턱없이 허황된 것들이다. 그런 집에서 그렇게 살려면 현재보다 5배 정도 돈을 더 벌어야 할 것이다. 따라서 그것은 그저 상상 속의 프로젝트에 불과하다. 만약 진짜 그런 집을 사려고 작정한다면, '돈을 모으는 사람'으로 나를 새롭게 수정해야만 한다. 그러려면 다른 직업을 찾아야 할 뿐 아니라, 일에 임하는 태도 역시 달라져야 한다. 대학을 다시 가거나, 새롭게 교육을 받거나 내 기질과 일하는 스타일을 바꿔야 할 것이다. 물론 감수해야 할 위험이 존재하고, 엄청난 시간이 필요할 수도 있다.

그렇다면 이렇게 생각해보자. 나처럼 부러움과 질투를 느끼고 있다면, 이것을 어떻게 받아들이고 어디에 활용할 수 있을까?

1. 무시(하려고 노력)한다고 해서 사라지는 것은 아니다

잡지를 넘기다 어느 성공한 변호사의 이야기를 읽은 적이 있다. 두 아이의 엄마이며, 이성적이고 합리적인 정치성향을 가졌고, 버건디

Burgundy에 주말 별장을 갖고 있으며, 끝내주게 멋진 오피스 룩을 뽐내는 여자다. 말 그대로 성공 스토리의 전형이다.

공항에서 사람들을 지켜본다. 재미있는 책에 푹 빠져 있는 사람이 보인다. 자기만족에서 우러나오는 편안함과 자연스러움, 멋진 여행 가방, 단순하면서도 세련된 옷차림, 그 옆을 걸어가는 섹시한 외모의 파트너…. 그들은 함께 비즈니스 클래스 쪽으로 걸어간다.

혹시 이런 종류의 경험(즉 부러움이나 질투)을 단지 '판타지'일 뿐이라고 일축하며 끊임없이 반복하진 않았는가? 우리는 그 부러움의 실체에 대해 다시금 생각해보고, 그것으로부터 배워야 한다. 물론 그 과정에서 어느 정도의 고통은 필연적으로 따를 수밖에 없겠지만.

정말 엄청나게 좋은 것을 상상했는데 가질 수 없다니, 어찌 고통스럽지 않겠는가. 그러나 내가 가질 수 없다는 이유만으로, '그것은 사실 별로 좋은 게 아니야'라고 말하진 않을 것이다. 정말 좋은 것들을 '호사스러운 것', 혹은 '속물스러운 것'으로 일축해버리는 행동은, 노골적인 거부감이 들기 때문이다. 그것은 진심이 아니다.

좀 다른 얘기지만, '애도'의 경우를 생각해보면 무슨 말인지 이해하기 쉬울 것이다. 누군가가 죽었을 때, 우리는 그 슬픔을 진지하게 받아들여야 한다는 사실을 잘 알고 있다. 그 사람이 죽었는데 죽지 않았다고 우기거나, 그것이 별 문제가 아닌 것처럼 가장해선 안 된다. 너무 격렬하지는 않더라도 아주 엄숙한 태도로, 우리는 사랑하는 사람을 잃은 것을 인정하고 애도해야만 한다.

나의 로망 '웰 워크'는 진정 사랑받을 자격이 있다. 그런 장소가 너무 적다는 사실과 아무리 상상해봐도 내가 그런 곳에서 살 수 없으리라는 것에 애석함을 느껴야만 한다.

2. 판타지와 질투심 사이에 존재하는 거리감을 존중하라

내게 갑자기 10억 파운드(우리 돈으로 1조 7,300억 원 정도)가 생긴다면, 퍼스시어Perthshire에 땅을 사서 내가 꿈꿔온 집을 지을 것이다. 블렌헴Blenheim 궁전을 가정집처럼 바꿔놓은 것 같은, 그런 집을 짓고 싶다. 앞마당에는 작지만 사랑스러운 정원이 있었으면 좋겠다. 나는 우리 아이들을 학교에 보내지 않고 홈스쿨링으로 교육시키고 싶은데, 그러려면 거실과 서재도 넓어야 한다. 아이들이 거실을 뛰어다니거나, 서재의 책장들 사이로 자전거를 타는 것을 보면서(서재를 거의 도서관 급으로 꾸미고 싶으니까) 잔소리를 좀 할지도 모른다. 하지만 속으로는 모네Monet와 푸생Poussin의 그림들 사이에서 아이들이 자유롭게 웃고 떠드는 모습을 즐기며, 아이들이 가구에 흠집을 좀 내도 흐뭇한

미소를 잃지 않을 것이다. 새로 사면 되니까!

또한 화강암으로 만든 수영장과 제트기는 물론, 베니스에 팔라초 palazzo(부호들의 대저택)를 지을 것이고, 뉴욕에 매력적인 밀회장소도 마련할 것이다.

어떤가? 이런 상상과 웰 워크의 아파트에 대한 꿈에서 어떤 차이가 느껴지는가? 어쩌면 궁전은 완벽한 판타지다. 솔직히 나는, 내게 갑자기 10억 파운드가 생기면 무슨 일이 벌어질지, 혹은 뭘 어떻게 해야 할지 상상조차 할 수가 없다. 아마 나는 탐욕과 방종에 빠진 엄청난 괴물이 될지도 모른다. 이런 상상은 일종의 '현실도피 놀이'다. 잠시나마 현실을 외면하도록 허락해주는 즐거운 놀이 말이다.

그러나 웰 워크에 대한 부러움은 현실도피가 아니다. 비록 마음속으로는 '아주 조금은 현실도피가 맞아!'라고 말하고 싶겠지만, 웰 워크는 나에게 행복한 삶을 이루는 데 중요한 요소가 무엇인지 알려준다는 면에서 유용하다(실현하는 게 다소 어렵긴 하지만). 하늘에서 일확천금이 뚝 떨어지는 횡재의 꿈과 웰 워크에 대한 선망을 합친다면, 웰 워크가 말하고자 하는 중요한 것들을 놓치게 된다.

3. 창조적으로 활용하라

웰 워크의 경우에는 이미 명확한 시나리오가 나와 있다. 행복한 삶을 영위하기 위해 그 시나리오가 제시하는 요소들을 당신이 어떻게 사용해야 하는지가 분명하다. 웰 워크가 내세우는 것은 시나리오의 명확성과 신뢰성이다. 그렇기 때문에 그토록 강력한 매력을 갖는다. 왜냐하면 당신은 그곳에서 어떻게 행복을 누릴지를 알고 있기 때문이다. 공항에서 본 비즈니스 클래스 커플이나 근사한 변호사 엄마처럼 되는 것이 어째서 멋진 일인지를, 당신은 분명히 볼 수 있다.

그러나 그들을 똑같이 따라 한다고 해서 문제가 해결되는 것은 아니다. 우리가 감탄하고 열망하는 것들로부터 가장 훌륭하고 고차원적인 영감inspiration을 끌어내지 못한다면 소용이 없다는 얘기다.

톨스토이의《전쟁과 평화》를 몹시 사랑한 어느 소설가를 상상해보자. 이 걸작은 1812년 나폴레옹의 러시아 침략이 여러 귀족가문에 미친 영향을 그린 작품이다. 따라서 우리의 현대 소설가는 이렇게 생각할지도 모른다. '나도 이런 이야기를 써야겠어.'

그는 19세기 초 모스크바에 대한 책들을 읽기 시작한다. 그러나 이는 분명 올바른 접근방식이 아니다. 좀 더 깊숙이 들여다보면《전쟁과 평화》가 영감을 주는 이유는, 주인공들 내면의 삶을 조명하는 방식과 그들의 삶에 공감하는 작가 톨스토이의 따뜻한 마음 때문이다. 이러한 훌륭한 자질은 특정한 역사적 배경과는 별개의 문제다. 따라서 우리는 표면적으로 보이는 특징들을 흉내 내기보다, 그 내면에 잠재된 장점과 덕목을 재생산하도록 노력해야 한다.

그런데 대부분의 사람들이 처음《전쟁과 평화》를 읽을 때는, 톨스토이가 그려낸 역사적 배경 같은 것에 집중한다. 즉 멋진 여행가방이나 비행기 비즈니스 클래스 티켓, 햄페스트의 거리, 버건디의 주말별장, 그리고 성공적인 법조계 이력 같은 것들이다. 이는 단지 표면적인 것들일 뿐, 재생산하려고 노력해야 하는 것들이 아니다.

진짜 중요한 것은 따로 있다. 겉으로 보이는 배경이나 조건의 이면에 잠재된 것들 말이다. 평온함, 안락함, 성취감, 능숙함, 훌륭한 조직과 행복한 가족의 삶 등등. 우리의 현대 소설가는 1970년대 글라스고우Glasgow를 배경으로 학교 선생님들에 관한 글을 쓰게 될지도 모른다. 그리고 그 책은, 러시아와 나폴레옹에 대한 묘사가 없어도, 주인공과 사건에 접근하는 방식 때문에 '톨스토이풍'의 소설이 될 수 있다.

다른 사람들에게서 인정받은 것들은 가치가 더욱 높아지고 흠모와 선망의 대상이 되는 것 같다. 따라서 처참한 은행잔고가 당신의 발목을 잡게 내버려두지 말고, 당신이 이미 갖고 있는 것들에 대해 좀 더 창조적으로 생각할 필요가 있다.

물론 질투를 부끄럽게 여기거나 거부할 필요는 없다. '거기서 산다면 정말 행복할 텐데', '저걸 가질 수만 있다면 내 인생은 정말 놀랍도록 달라질 텐데' 하는 판타지는 누구에게나 있지 않은가! 그러나 그런 것들이 당신의 삶에서 어떤 의미인지를 진지하게 분석해보면, 다른 해답을 얻을 수 있을 것이다. 우리가 가진 판타지는 더 많은 부를 얻고자 하는 욕망이 아니다. 현재의 일상에서 도피하려는 생각, '완전히 새롭게 시작할 수' 있을 것 같은 느낌(더러운 내 자동차처럼!), 남들과 다소 다르거나 나은 사람이 된 듯한 느낌을 뜻한다.

***아가** 무쇠로 만든 영국산 레인지 겸 히터의 상표명. 영국 중산층 주부들 사이에서 인기가 많아서, 이런 주부들의 삶을 그린 소설을 우스갯소리로 아가 사가Aga saga라고 부른다.

How to Worry Less about Money
John Armstrong

**THE
SCHOOL
OF LIFE**

질서 만들기
Creating Order

Part 5

필요 vs. 욕구

Chap 10 Need vs. Want

내게 진정으로 필요한 것이 무엇인지를 아는 것은 대단히 중요한 문제다. 필요한 것을 정확히 알아야 제대로 된 해결책을 찾을 수 있고, 더 큰 열정을 갖고 집중할 수 있기 때문이다.

일반적으로 우리는 '필요$_{need}$'와 '욕망$_{desire}$'을 구별해야 한다고 강요받으며 살고 있다. 희망의 수준을 낮추기 위해, 그리고 좀 더 겸손한 목표(좀 더 분별력 있고 성취 가능한 목표)를 갖기 위해서는 두 가지를 구별해야 한다고 배웠다.

해변의 별장이나 스포츠카가 꼭 필요한 것일까? 최고급 레스토랑에서의 저녁식사가 정말 꼭 필요한 일인가? 아니다. 그것들은 단지 욕망일 뿐이다. 멋지고 좋긴 하지만 반드시 필요한 것은 아니다. 그러므로 돈에 대해 좀 더 현명해지고 싶다면, 욕망을 따르려는 충동을 잠재우고 대신 필요한 것에 집중해야 한다.

'필요'라는 것은 좀 더 깊이 있는 의미를 담고 있다. 인생의 진지함과 더 깊게 연관되어 있기 때문이다. "그것이 정말 내게 필요한가?"라는 질문 속에는 다음과 같은 세 가지 뜻이 포함되어 있다. 첫째, 그것이 얼마나 중요한가? 둘째, 더 나은 내가 되는 데 그것이 얼마나 중요한가? 셋째, 내 인생에서 그것이 왜 필요한가? 이런 질문을 통해 필요와 욕구wants를 구별하는 것은 매우 바람직한 일이다.

그런데 여기서 한 가지 주의할 것이 있다. 필요와 욕망을 단순히 '보통modest' 대 '대단함grand' 같은 식으로 구별하지 않는 것이 중요하다. 우리의 필요가 항상 더 작고 더 적고 더 값싼 것에 국한된 것은 아니기 때문이다.

예를 들어, 유명한 바이올리니스트가 어마어마한 가격표가 붙은 활을 필요로 한다고 치자. 그럴 때는 욕망이 아닌 필요라고 보는 것이 옳다. '필요'라는 말이 반드시 '생존에 필요한 것'만을 의미하는 것은 아니다. 그 바이올리니스트에게 고가의 활이 필요한 것은, 그 활이 그 사람의 인생에 중요하기 때문이다. 음악가는 인생에서 상당한 시간을 악기를 다루는 기술과 감각을 익히는 데 쏟아 붓는다. 따라서 아무리 비싸고 정교한 활이라 해도 그만한 값어치가 있다. 결국 그 물건은 그의 인생에서 깊고도 중요한 자리를 차지하게 될 것이다. 만약 그가 "이건 너무 비싸. 나한테 꼭 필요하지 않아."라고 말한다면 그는 스스로에 대해 뭔가 잘못 생각하고 있는 것이다.

한편, 필요하다고 해서 언제나 살 수 있는 것은 아니다. 하지만 '꼭 필요한' 무언가는, 돈을 더 많이 벌어야겠다는, 적절하고도 깊은 자극을 선사한다. 이상적이고 적절한 수입이란 우리의 진정한 필요를 충족시킬 수 있는 만큼의 소득을 뜻한다.

이런 식으로 필요의 의미를 이해하게 되면, 정말 필요한 것이 아닌 고가의 사치품을 사는 것이 잘못된 행동임을 알 수 있다. 턱없이 비싸기만 하고 전혀 실용적이지 못한 물건들이 우리의 삶을 발전시키거나 더 훌륭하게 만들어주지는 않을 테니 말이다. 그렇다고 해서 그런 것들이 반드시 가치가 없다는 건 아니다. 이에 관해서는 각기 견해가 다를 수 있다. 어쨌거나 천박한 소비행태로 논란을 빚는 사람들은, 그 물건들을 적절하게 사용하는 기술이나 감각이 부족하다고 말할 수 있다.

'탐욕greed'은 현대의 윤리용어 중에서 매우 중요한 단어 중 하나다.

탐욕은 다른 사람들보다 더 많이 가지려는 욕망이 아니다(그것이 우리가 이해하는 그 단어의 의미인 건 맞지만). 다음의 예를 보면 탐욕의 정확한 의미를 이해할 수 있을 것이다.

만약 당신이 어떤 집의 아름다움에 반해 그 집을 갖고 싶다면, 아름다운 집을 갖고 싶어 한다는 사실이 반드시 탐욕은 아니다. 비록 대다수 사람들이 집을 사는 데 쓸 수 있는 돈보다 훨씬 비싼 집을 원한다 해도 말이다.

필요와 욕망 구별하기

이 차이를 구별하기 위한 방법은, 필요와 욕망이 각각 어떤 것의 일부분인지를 묻는 것이다. 궁극적으로 이런 질문을 던져봄으로써 알 수 있다. '내가 추구하는 것이 얼마나 현명하고 똑똑한 선택이며 현실적으로 중요한가?' 원하는 것을 당장 가지려는 갈망이 지나치게 강하면 때때로 그 질문에 잘못된 답을 할 수도 있다. 고민 중인 그 물건이 내 인생에 어떤 의미가 있는가? 그것이 내 인생에서 얼마나 큰

비중을 차지하는가? 행복한 삶을 살고 더 나은 내가 되려는 인생 프로젝트에서 얼마나 중요한가?

  스스로에게 물어보라. 그것을 소유하는 것이 내 인생에 얼마나 도움이 되고 훌륭한 일인지를. 다른 말로 하면, '필요와 욕망'의 차이는, 정체성과 윤리의 문제, 그리고 삶의 의미에 관한 문제의 중심에 위치한다. 만약 이에 대해 진지하게 생각하지 않는다면, 당신은 돈을 제대로 다룰 수 없을 것이다.

  우리 집 거실에는 벽난로 맞은편에 소파가 있는데, 소파 양쪽 끝에 전등이 달린 사이드 테이블을 놓았다. 나는 이런 배치를 정말 좋아한다. 특히 사람들을 집으로 초대해 저녁식사를 할 때, 먼저 그곳에 앉아 차나 음료를 마시기에 아주 좋다. 벽난로와 소파, 사이드 테이블의 클래식한 조합은 우아하면서도 격식을 갖춘 듯한 느낌이 나서 매우 마음에 든다. 그곳이 내 개성의 중요한 부분을 표현해준다는 생각과, 심지어 내 인생관의 깊은 내면을 보여준다는 자부심마저 느낀다. 단순한 가구 배치의 문제가 아니라, 그런 구도와 대화의 방식이 사회생활과 대화, 토론과 담론에 대해 내가 어떤 생각을 갖고 있는지를 보여주기 때문이다. 그런데 문제가 하나 있다. 소파 양쪽에 놓인 두 사이드 테이블이 그다지 잘 어울리지 않는다는 점이다. 하나가 좀 별로다.

그러던 차에 마침 동네 골동품 가게 앞을 지나다 정말 근사한 사이드 테이블을 하나 발견했다. 쇼윈도에 전시된 그 테이블은 18세기 풍으로, 할인 판매를 하는 중이었다. 거실의 전체적인 분위기와 스타일을 고려해보면 지금 있는 탁자보다 훨씬 더 잘 어울릴 것 같다. 그리고 소파 양쪽의 균형을 맞추기 위해서는 꼭 그 테이블이 필요하다. 물론 그것이 없어도 사는 데 아무런 지장이 없다는 것을 너무도 잘 알고 있지만, 그래도 나는 그것이 꼭 필요하다고 생각한다.

살다 보면 '내 인생에 꼭 필요하다'는 느낌이 강렬하게 오는, 중요한 무언가가 있다. 그것이 물건이든 사람이든, 근거 없는 욕심이 아니다. 나에게는 내가 진지하게 생각하는, 내 삶을 지탱해주는 인생의 가치관이 있지 않은가? 그 '중요한 무언가'는 내 삶의 가치관을 구현하는 환경을 만들어줄 것이다. 나는 그 테이블만의 특별한 장점과 역할을 인정하고, 내 삶에 그 테이블이 주는 의미를 부여했다.

그러나 나는 그 테이블을 살 형편이 안 된다고 결정했다. 하지만 갖고 싶은 마음까지 포기하고 싶진 않았다. 그것을 살 형편이 안 된다고 해서, 내가 그것을 갖는 것(혹은 갖지 못하는 것)이 별로 중요한

물론 이 테이블이 없어도
사는 데는 지장이 없지만,
나는 이 테이블이 꼭 필요하다.

문제가 아니라고 무시해버리기는 싫었던 것이다.

  이는 꽤 중요한 문제다. 우리는 '필요와 욕구'의 문제가, 반드시 '평범함과 세련됨' 또는 '값싼과 값비싼'으로 연결되지 않는다는 것을 이해해야만 한다. 그 이유가 뭘까? '필요와 욕구'의 구별은, 개인의 성공이나 가장 고양된 자아를 추구하는 것과 관련된 심리적인 문제이기 때문이다. 필요는 기본적인 것이고 욕구는 세련된 것이라 생각하는가? 아니다. '기본과 세련'은 한 대상의 복잡함에 대한 정도의 차이다. '값싼과 값비싼' 역시 가격이나 수요와 관련된 구별이다.

  내가 추천하려는 핵심적인 전략은 바로 이것이다. 직관에 반反하는 것. 우리는 우선적으로 비용과 상관없이 우리의 필요를 해결해야 한다. 필요하지만 살 수 없는 것도 있을 수 있다. 반면 살 수도 있고 갖고 싶기도 하지만, 그것을 사는 게 좋지 못한 생각일 때도 있다. 사실 '직관에 반하는 전략'이란, 더 중요한 프로젝트를 위해 재무적 자원을 개방하는 것이다. 그러므로 여기서 우리는 스스로의 내면을 더욱 풍성하고 가치 있게 만드는 데 무엇이 더 중요한지를 이성적으로 생각하고, '필요에 관한 내적 위계'를 구성해야만 한다. 그것은 우리가 상상할 수 있는 인생의 성공과 발전에 관한 에세이이자 보고서다.

높은 필요, 중간 필요, 낮은 필요

필요가 육체적 생존과 관련이 있다는 사실은, 현대사회의 대표적인 불행이다. 기본적으로 우리는 우리에게 필요한 것을 가질 수 있는 강력한 권리가 있다. 하지만 우리가 원하는 것을 갖는 건 완전히 별개의 문제다. 필요는 다음과 같이 세 가지 유형으로 나눌 수 있다.

높은 필요에는 깊은 우정, 인생의 의무, 개인의 취향이나 스타일, 감성적 성숙 등이 포함된다.

중간 필요에는 높은 보수, 멋진 의상, 해외여행, 사회적으로 명망이 높은 사람들과의 친분 등이 포함된다.

높은 필요는 실체를 정확히 설명하거나 확인하기가 무척 힘들지도 모른다. 왜냐하면 그것은 너무 복잡해서 규정하기가 어렵기 때문이

높은 필요 고상한 것, 본질적인 것	중간 필요 사회적인 것, 비교 가능한 것	낮은 필요 기본적인 것
개인으로 성공하고, 잘 살고, 최선의 자신으로 거듭나기 위해 필요한 것들	소속된 집단이나 사회에서 존중받기 위해 필요한 것들 (혹은 그 사회와 관련된 것)	시민으로 생존하기 위해 꼭 필요한 것들(건강에 이로운 식품, 안전한 거처, 고용)

다. 그러나 당신의 개인적인 성공과 잘 사는 삶은 여전히 매우 중요하기 때문에, 그런 특징 역시 무시해서는 안 된다. 문제는 우리가 종종 이런 높은 필요들을 다른 부차적인 필요로 여긴다는 점이다.

높은 필요로 올라가기 위한 필수조건

중간 필요는, 사회성과 사회적 신분, 그리고 다른 사람들과의 친분(당신이 속한 사회에 접속하기 위한) 등을 위해 필요한 것들을 말하는데, 종종 돈과 매우 밀접하게 연관되어 있다. 어떤 면에서는 사람들이 가장 탐내는 것이기도 하다. 중간 필요의 측면에서 보면, 분명 돈과 행복은 서로 결합된 것처럼 보인다. 왜냐하면 중간 필요에 해당하는 것들을 소유하는 데 돈이 직접적인 수단으로 활용되기 때문이다. 그러나 공교롭게도 중간 필요에 해당하는 물건들은 신기루 같은 것이다. 많이 가지면 가질수록 자신이 가진 것이 점점 더 초라해지고 적어지는 것 같기 때문이다.

《잃어버린 시간을 찾아서》에서 마르셀 프루스트 Marcel Proust는 이에 해당하는 완벽한 사례를 제시한다. 당신은 어느 파티에 초대되었다. 그런데 거기 있는 사람들은 죄다 재미없고 짜증 나는 사람들뿐이다. 당신은 제대로 된 사람들을 만날 수 있는 파티에 가고 싶다는 열망으로 가득해진다. 결국 당신은 그런 파티를 알게 되었지만, 그 제대로 된 사람들은 당신을 자신들의 파티에 초대하지 않는다. 얼마 후 당신은 마침내 그들의 파티에 초대되었고, 파티를 연 주인장은 당신이 매우 좋아하는 요리들을 점심으로 대접한다. 그런데 당신은 그 자리에서 깜짝 놀라고 만다. 그토록 바라던 파티에 참석하게 되었건만, 알고 보니 당신 옆에 있는 사람들은 전부 첫 번째 파티에서 만났던 지루하고 짜증 나는 사람들이었다.

개인이든 사회든, 경제적인 측면의 발전에서 거치는 핵심적인 단계는, 중간 필요에서 높은 필요로 올라갈 수 있는 능력을 갖추는 것이다. 때때로 높은 필요에 집중하기 위해 사회적 신분이나 고급스러움, 화려함 같은 중간 필요에 대한 집착을 줄여야 할 때도 있다. 높은 필요로 올라가는 데 돈이 더 드는 것은 아니다. 그보다는 더욱 독립적인 마음이 필요하다.

높은 필요는 종종 간접적인 방식으로 충족된다. 우리에게 정말 필요한 것은, 좀 더 많은 시간과 정신적인 여유, 이해심, 그리고 다른 사람의 삶, 정신과 관계를 맺는 것이다.

<u>정신적 여유</u>라는 <u>간접비용</u>

제인 오스틴의《맨스필드 파크》나 톨스토이의《전쟁과 평화》를 읽는 데는 책 이외에도 많은 것이 필요하다. 단지 책 1권만 있으면 끝나는 게 아니라는 말이다. 읽는 데 전념할 수 있는 시간과 천천히 생각할 수 있는 정신적 여유가 필요하다. 예를 들어 조바심을 내거나 초조하게 이리저리 움직이지 않고 평소보다 1시간 일찍 책을 들고 침대로 가거나, 욕조에 눕거나, 카페나 공원에 앉을 수 있는 마음의 여유 말이다. 내용에 집중하게 하는 여러 요소들도 필요하다. 지력과 집중력의 많은 부분을 쏟아 독서에 집중하지 않으면, 아무리 좋은 책이라도 당신의 높은 필요를 충족시켜주지 못하기 때문이다.

높은 필요는 거창한 것도, 가식적인 것도 아니다. 이해하고 이해받고 싶은 것, 가치를 창조하고자 하는 것, 다른 사람들의 내적인 삶과 만나는 것, 누군가의 감정을 정화하는 것 등이다. 이런 것들은 매일 매일 경험할 수 있는 일상적인 관심사다. 우리가 좀 더 다급하고 분명한 필요를 해결하기 위해 노력하며 살아가는 동안, 높은 필요들은 충족될 수도 있고 충족되지 못한 채 남겨질 수도 있다.

사회적 신분과 가치 있는 동기

웰 워크 같은 우아한 동네의 고급스러운 주택은 높은 필요를 충족시킨다(적어도 내게는 그렇다). 그런데 많은 사람들이 높은 필요와 중간 필요를 종종 혼동한다. '사치스러운'이나 '속물스러운'이란 단어는 중간 필요의 문제점인 사회적 허영을 지적하면서 둘의 차이를 분명히 보여준다. 쉽게 말하면 사회적 우월감을 느끼고 싶어서 큰 집을 사고, 상류층 사람들과 어울리고 있다고 느끼고 싶어서(혹은 그렇게 보이고 싶어서) 고급 레스토랑에 가거나 오페라를 보러 가는 경우도 있다는 말이다. 교양 있는 사람으로 보이고 싶어서 미술품을 수집하기도 한다.

'사치스러운' 것이나 '속물스러운' 것에 대한 비난의 본질은, 그가 사회적 신분을 얻기 위해 그러한 행동을 한다는 것이다. 그들이 정말 그런 생각으로 행동하는 한, 세상의 비난은 타당하다. 그러나 이런 비난은 대체로 야비한 공격이다. 오페라나 고급 레스토랑, 대저택이나 미술품 같은 것에 대한 필요가 '높은 필요'에 의해 생겨날 수도 있음을 인정하지 않으니 말이다.

기본적으로 그런 비난의 핵심은, 높은 필요가 항상 사회적 신분과 관련되어 있다는 것이다. 그런데 이는 잘못된 주장이다. 아니, 타인이 옳고 그름을 판단하기 어려운 주장이다. 왜냐하면 사람들은 아주 종종 오직 사회적 신분을 높이려는 이유만으로 높은 필요를 충족시켜주는 자산을 사들이기 때문이다.

따라서 그 해결책은 대상 자체를 심하게 비난하는 것이 아니다. 그보다는 자산을 사들이는 동기를 좀 더 깊이 통찰해서, 가치 있는 동기와 가치 없는 동기를 구별해야 한다. 여기서 동기의 가치를 구별하는 열쇠는, 중간 필요와 높은 필요에 대한 '관심의 차이'가 무엇인지를 분명하게 인식하는 것이다.

당연한 얘기지만, 신분상승을 모색하려는 것은 인간의 어쩔 수 없는 본성이다. 만약 이것이 사실이라면, 그것을 제거하려고 헛된 노력을 하기보다 차라리 그것을 인정하고 개선해보려 노력해야 할 것이다. 누군가를 존경하거나 부러워하는 것은 잘못된 일이 아니다. 우리가 질문해야만 하는 것은, 왜 그를 존경하는지, 왜 그를 부러워하는지에 관한 것이다. 만약 누군가가 현명하고 관대하며, 미적 안목이 뛰어나고, 다른 사람들에게서 최선을 끌어냈기 때문에 높은 신분을 갖게 되었다면, 당연히 그에게는 그럴 만한 자격이 있다. 만약 그의 그런 자질이 부럽다면, 자신에게서 그런 자질을 찾으려고 노력해야 한다. 그런 경우 질투는 인생에서 매우 생산적인 역할을 하게 된다.

그러나 어떤 신용카드를 가졌고, 어느 대학을 나왔으며, 차종이 무엇인지를 보고 그의 사회적 신분을 부여하려 한다면, 그렇게 평가된 신분은 장점이 될 수 없다. 일반적으로 우리는 질투를 자기파괴적인 것으로 인식해, 해로운 것이고 피해야 하는 것이라고 생각하는 경향이 있다. 그러나 질투가 우리를 옳은 방향으로 이끌어준다면, 그것은 대단히 가치 있는 수단이다.

신분은 집단현상이다. 왜냐하면 사람들이 집단 안에서 누군가를 존경하기도 하고 무시하기도 하면서 벌어지는 현상이기 때문이다. 어떤 사람은 집단에서 최고의 사람으로 인식되는가 하면, 또 어떤 사람은 집단에서 좀 모자란 사람으로 인식되기도 한다.

　이때 신분이 부여되는 방법은 다양하다. 천박하고 야비한 집단에서는 상당히 끔찍한 방식으로 신분이 부여된다. 예를 들어, 가장 폭력적이고 냉담하고 자기주장이 어리석을 정도로 강한 사람이 가장 높은 신분을 획득하는 것이다. 반면 교양 있고 진지한 집단에서는 신분이 그 사람의 내면적 장점을 부각시킨다.

　이는 무엇을 의미할까? 살아가는 동안 반드시 자신과 가장 잘 맞는 적절한 친구들을 찾을 필요가 있다는 것이다. 개인이 혼자 힘으로 사회 전체의 신분 부여 과정을 통제할 수는 없다. 그러나 선거를 통해 우리는 신분을 제대로 부여해주는 체계를 찾아내고 만들어가기를 희망할 수 있다.

　신분에 대한 고민은 돈 걱정을 낳는다. 신분 그 자체는 좋지도 나쁘지도 않다. 신분을 나타내기 위해 필요한 것이 무엇이냐가 중요하다. 그것은 아주 표면적인 것(자동차 브랜드나 머리카락의 색깔 등)에서부터 현명하고 심오한 것(통찰력이나 친절함 같은 것)에 이르기까지 다양하다. 우리에게는 나 자신, 그리고 다른 사람들을 위해, 신분을 부여하는 기준을 바꾸려 노력해야 할 의무가 있다. 즉 표피적인 기준으로부터 진지하고 심오한 기준 쪽으로 옮겨보는 것이다. 이렇게 하면 돈 걱정이 줄어들 것이고, 관심과 사랑을 받아 마땅한 것들에 대해 진지하게 생각할 수 있다. 그것이야말로 올바르고 좋은 삶을 위한 기본이자 진정한 기준이 될 것이다.

내 인생에는 돈이 얼마나 필요할까?

Chap 11 How Much Money Do I Need?

잘 사는 인생, 괜찮은 인생을 살기 위해 우리에게 필요한 것은 무엇일까? 다른 사람들을 위해 책임을 다하는 것을 포함해서, 당신에게 정말 필요한 것은 무엇인지 생각해보자. 마음속 깊은 곳까지 솔직해지는 것이 중요하다. 이 이야기를 하지 않고는 본격적인 돈 이야기로 넘어갈 수 없으니까.

현실적인 사람이 되려는 욕구란, 여러 가지 잡생각으로 시간을 낭비하지 않고 실현 가능성이 높은 것을 찾아낸다는 것을 의미한다. 그런데 우리는 자신의 경제적 여건에 대해서만 지나치게 현실적인 경향이 있다. 정작 우리에게 필요한 것이 무엇인지에 대해서는 그리 고민하지 않는다. 그것부터 먼저 현실적으로 생각해야 하는데도 말이다.

실제 '정제refining 과정'이라는 것이 있다. 무엇이 판타지 요소이고 무엇이 진짜 현실인지를 파악하는 과정이다. 시간이 좀 걸리기는 하지만, 자기 자신이나 집단을 이해하는 데 아주 중요한 과정이다. 예컨대 전 국민이 "나는 전용 제트기가 필요해."라고 말하는 것은 좀 말이 안 되는 얘기 아닌가? 물론 전용기를 타고 다니면 재미는 있겠지만, 모든 사람이 '잘 살기' 위해 그렇게 자주, 그렇게 최대 속도로 여행을 해야 할 필요는 없을 테니까.

자, 이제부터 당신이 괜찮은 인생을 살기 위해 필요한 것들에 대한 현실적이고 구체적인 비용cost을 산출해보자.

다음 페이지에 우리 가족에게 필요한 경비를 적은 명세서가 있다. 내 아내와 나에게 매년 돈이 얼마나 필요한지를 파악해보려고 작성한 것이다.

비용을 줄이기 위해 이 표를 작성한 건 아니었다(솔직히 이깟 표 하나 만든다고 비용이 줄어들 리가 있겠는가). 잘 사는 삶을 위해 우리 가족에게 필요한 것이 무엇인지, 가능한 한 아주 정확하게 구체화해보자는 의도였다. 꼭 필요하지만 형편상 가질 수 없는 것도 있다는 사실을 충분히 인정하면서 말이다. 사실 그것은 무척 고통스러운 일이다(특히 내 통장을 보고 있노라면 나는 좀 더 절박해진다). 우리 부부의 삶은

필요	품목	최소 경비 (AU$)	진짜 필요한 실경비(AU$)	이상적인 경비(AU$)
편안하게 살 집	멋진 집(우리는 고풍스러운 스타일의 큰 집을 좋아한다), 직장에서 가깝고 자녀교육에도 적합한 곳	27,000 (소유에 따른 연간 비용)	55,000	125,000
	보수 유지에 필요한 연간 비용	1,000	5,000	10,000
	정원 보수 유지에 필요한 연간 비용	직접 한다	2,500	10,000
	인테리어에 필요한 것들(그림, 고가구, 약간의 인테리어 용품들)	현재 있는 것을 그냥 쓴다	12,500	50,000
	공과금 (보험, 인터넷, 전화, 전기, 수도)	6,500	6,500	10,000
	이자	650	1,250	1,850
여행 (출장 아님)	유럽 가족여행(이코노미 클래스 비행기 티켓과 멋진 숙소)	가지 않는다	24,000	85,000
스포츠와 운동	테니스클럽 회원권과 회비, 요가, 필라테스, 요트 레슨	2,000	5,000	5,000
자녀교육	테니스클럽 회원권과 회비, 요가, 필라테스, 요트 레슨	5,000	24,000	24,000
향후 들어갈 자녀교육비를 마련하기 위한 저축		2,000	20,000	85,000
아이들 장난감		500	2,000	2,000
의류		1,000	3,500	12,500
음식과 음료		7,000	10,000	25,000
외식	부부가 외식을 하려면 보모도 필요하다	그냥 집에서 해결한다	2,500	5,000
퇴직연금		나중에 한다	22,000	100,000
총계	세금공제 후 소득	52,650	195,750	550,350

(이 당시 기준은 1파운드=1.50오스트레일리아 달러)

'진짜 필요한 실제 경비'보다는 '최소한의 경비' 쪽에 더 가깝다. 그리고 '이상적인 경비'와는 한참 거리가 멀다.

그러나 스스로에게 모욕감을 주려는 의도로 이렇게 표를 작성한 것은 아니다. 냉철하게 현실을 직시해보자는 것이다. 이 표를 보면서 나와 내 아내는, 우리 가족의 진짜 필요를 충족하려면 무엇을 해야 할지에 대해 진지하게 생각할 수 있었다.

다음은 나의 몇몇 지인들에 대한 이야기다. 이들의 경우를 보다 보면, 자신들의 진짜 필요를 충족시키기 위해 어떻게 생활방식을 바꾸었는지를 알 수 있을 것이다. 보면 알겠지만, 그들은 균형을 맞추기 위해 무조건 허리띠부터 졸라매지는 않았다. 그들은 무작정 아껴쓰거나 갖고 싶은 것을 포기하기보다 '선택과 집중'이라는 현명한 차선책을 택했다. 자신들에게 가장 중요한 것이 무엇인지 밝혀내고 거기에 지출을 집중한 것이다. 그 결과, 어떻게 되었을까? 그들이 얻을 수 있었던 것은 '진짜 필요'만이 아니었다. 그들은 잘 사는 삶을 위해, 자신의 인생에서 무엇이 더 중요하고 덜 중요한지를 점검해볼 기회를 얻게 되었다.

프랑스 시골로 이사 간
데릭과 자스민

    데릭과 자스민은 오랫동안 건축에 매료되어 있었다. 정확히 말하자면 건축물을 감상하러 다닌다거나 인테리어 잡지를 열독했다는 얘기는 아니고, 자신들이 살고 싶은 매력적인 집에 대해 깊이 고민하면서 자기들만의 집을 짓고자 하는 열망을 키워왔다. 그러나 런던에서 그런 집을 짓는다는 건, 한마디로 꿈 같은 이야기였다. 자신들의 소득으로는 어림도 없었으니 말이다. 그래서 3년 전, 그들은 프랑스의 시골 지역으로 이사를 하기로 결심했다. 그리 넉넉하지는 않았지만, 형편에 맞으면서도 조용하고 멋진 집에서 살 수 있는 곳을 물색하다가 내린 결론이었다.
    하지만 이사는 생각보다 쉽지 않았다. 몇 가지 이유가 있었는데, 그중 가장 어려운 점은 친한 친구들과 헤어져야 한다는 것과, 데릭이 직업을 바꿔야 한다는 것이었다. 데릭과 자스민은 '자기이해'(자신들이 어떤 사람들이고, 인생에서 무엇을 바라는지)라는 측면에서 고민을 거듭했다. 생각하면 할수록 과수원이 딸린 오래된 대저택에서 사는 것은 그들에게 무엇보다 중요했다. 그리고 런던 근교에서 그런 집을 사려면 수백만 파운드도 넘게 필요하지만, 노르망디에서는 그들이 꿈꾸던 집이 엄청 저렴했다. 약간은 도박처럼 느껴졌지만, 그들은 자신들에게 그런 환경이 매우 중요하다고 생각했기에, 결국 다른 것을 다 포기하고 그곳을 택했다.

크리스마스와 생일을 포기한 제닝스 가족

제닝스 가족은 진짜 재미있는 휴가를 보내기 위해 크리스마스와 생일을 포기하기로 했다. 물론 아이들에게는 무척 힘든 결정이었다. 생일이나 크리스마스에 파티도 안 하고 선물도 못 받았다고 말하면, 또래 친구들이 이상하게 생각할 테니 말이다. 크리스마스 선물로 새 자전거를 받지도 못하고, 생일날 친구들을 초대해 선물을 주고받을 수도 없으니, 아이들로서는 여간 섭섭한 일이 아니었을 것이다.

하지만 제닝스 가족은 그런 파티나 선물보다는 함께 스코틀랜드 들판을 거닐거나, 터키의 고대 유적지를 방문하는 것이 훨씬 더 좋다고 생각했다. 그리고 실제 그 믿음대로 파티와 선물비용을 아껴 가족

여행을 떠났다.

앞의 두 사례는 공통점이 있다. 비용이 많이 들든 적게 들든, 무언가 한 가지에 전념한다는 사실이다. 데릭과 자스민, 그리고 제닝스 가족은 스스로에게 매우 어려운 질문을 던지고 있다. '무엇을 하고, 무엇을 소유하는 것이 우리에게 가장 중요한가?' 우리는 이 사례에서 가이드라인을 얻어야 한다.

먼저 스스로에게 물어라. 결국, 내가 집중해야 하는 활동, 경험, 소유물은 무엇인가? 휴가가 선물이나 파티보다 더 중요한가? 어떤 집에서 사느냐보다 어느 지역에서 사느냐가 더 중요한가? 우리가 원하는 그 많은 것들 중에서, 좋은 인생을 살기 위해 우리에게 가장 중요한 것은 무엇인가? 이것이야말로 우리가 알아야만 하고 찾아내야만 하는 것들이다.

그리고 나서 다시 질문하라. 나의 욕구 중에서, 나의 장기적인 행복을 위해 덜 중요한 것은 무엇인가? 그런 결정을 하는 것은 상당히 괴로울 수 있다. 왜냐하면 내가 가치 있다고 믿었던 것들이 쓸모없어지고, 어떤 욕구들은 충족되지 못한 채 방치될 테니 말이다. 그러나 덜 중요한 것을 포기하는 것은, 금전적인 자원을 가장 중요한 것에 집중시키기 위해 꼭 필요한 일종의 '비용'이다.

가격 vs. 가치

Chap 12 Price vs. Value

그런데 앞에 나온 비용을 산출하는 과정에서 발생하는 문제가 하나 있다. 가격이 정해지지 않은 것이 꽤 많다는 사실이다. 멋진 가구가 있는 집에서 사는 것이 당신에게 정말 중요한 일이라고 가정해보자. 그렇다면 그에 필요한 비용은 얼마일까? 어쩌면 그것은 취향에 꼭 맞는 가구를 찾아내어 적정한 가격에 구매하는 당신의 기술에 달려 있다. 똑같은 서랍장이라도 가격이 최고 4배까지 차이 날 수 있기 때문이다.

'가격price'은 수요와 공급 사이의 협상으로 정해진 공개적인 것이다. 어떤 경우에는 경쟁을 통해 결정되기도 한다. 가령 자동차의 가격은 얼마나 많은 사람들이 그 차를 원하는지, 그들이 얼마를 지불할 수 있는지, 그리고 제조자가 얼마에 팔 생각이 있는지에 의해 결정된다. 이는 어디까지나 공개적인 활동이다. 많은 사람들이 그 과정에 직간접적으로 관여하는 반면, 당신의 목소리는 가격을 책정하는 데 그리 중요하지 않다.

한편, 가치value는 개인적이고 윤리적이자 미적인 판단이다. 궁극적으로 개인에 의해 정해지고, 그의 지각과 지혜와 성품에 기초한다. 따라서 당신 스스로 가치의 크기를 정의할 수 있다.

얼마나 많은 가치가 돈의 양적 개념에 의해 정해지는가? 가치의 수익value return은 무엇인가? 우리는 경우의 수가 엄청나게 다양하다는 사실을 알고 있다. 어떤 사람들은 비교적 적은 돈으로 멋진 경험을 만들어낸다. 그들은 환상적인 휴가를 보내고, 재미있는 오락거리를 신나게 즐기고, 흥미로운 그림이나 훔치고 싶을 만큼 멋진 가구도 소유한다. 그런데 거기에 드는 돈은 당신이 상상하는 것보다 훨씬 적다. 적은 예산으로 그런 즐거움을 누리는 것이다. 이런 사람들은 대체로 재치가 있고 임기응변에 탁월하다는 특징이 있다. 돈을 절약하려고 아등바등 애쓰지도 않는다. 물론 당신도 마음만 먹으면 얼마든지 그렇게 할 수 있다.

카펫은 신경 쓰지 마라.
대신 멋진 셔츠를 사라.
너무 어수선하게 늘어놓지 마라.
벽을 칠하는 데 신경 써라.

빌헬름 페르디난드 벤즈Wilhelm Ferdinand Bendz*, 예술가의 형제, 1830년 작품.

경제학 수업에서는
절대 가르쳐주지 않는 것들

적은 돈으로 신나게 사는 사람들의 비밀을 소개하겠다.

1. 중요한 것과 중요하지 않은 것을 구별한다

그들은 어떤 경험을 할 때 무엇이 중요하고 무엇이 중요하지 않은지를 안다. 예를 들어, 디너파티에서 대부분의 사람들은 그럭저럭 먹을 만한 와인이 나오면 그것이 어떤 종류의 와인인지 크게 신경 쓰지 않지만, 그들은 다르다.

2. 유행을 따르지 않는다

유행은 가격을 부풀리는 구실일 뿐이다. 그들은 유행이 아닌 사물이나 생각, 사람의 본질에 대해 살펴본다. 다른 사람들처럼 사회적 신분으로 판단하는 대신, 본질적인 장점을 찾아 그것으로 판단한다.

3. 뛰어난 취향을 가졌다

그들은 자기가 무엇을 좋아하는지, 왜 그것을 좋아하는지에 집중

한다. 따라서 애매한 상황에서도 자신의 취향을 정확히 파악하고 말할 수 있다.

4. 창조적이다

그들은 그저 가능성만 볼 뿐, 그 가능성을 꼭 현실화해야 한다는 책임감에 시달리지 않는다. 내적인 추진력이 있고, 추진할 수 있는 재능을 가졌기 때문이다.

경제학 수업에서는 결코 거론되지 않는 이러한 자질들은, 우리의 경제생활에 대단히 중요하다. 다시 말하지만 돈은 교환의 수단일 뿐이다. 돈은 가치를 교환하기 위해 필요하다. 그러한 교환은 종종 예술일 때도 있고, 아주 가끔 과학일 때도 있다.

예술이라면 돈으로 중요한 것을 얻으려 하는 당신에게, 지혜와 지성을 가져다줄 것이다. 예를 들어, 환상적인 디너파티를 여는 데 드는 비용은 얼마인가? 마음에 쏙 드는 아름다운 방을 갖는 데 드는 돈은? 훌륭한 그림의 가격은? 매력적인 의상의 값은? 사실 이런 것들은 정해진 가격이 없다. 그것은 우리의 창의력과 재치, 그리고 유행 따위에 놀아나지 않는 독립적인 정신에 달려 있기 때문이다.

하지만 "그래, 다 잘 알겠어. 하지만 내가 그렇게 창의적이지 못한 걸 어떡해?"라고 스스로에게 묻는 경우라면 어떻게 해야 할까? 생각해보자. 내 얘기는, 인테리어 전문가가 되라거나 미술평론가 같은 전문적인 안목을 갖춰야 한다는 게 아니다. 중요한 것은 지구에 발바닥을 붙이고(허공에 떠 있지 말고!) 현실적인 과정을 따르는 것이다.

다음에 나오는 사례를 보면 내 말을 좀 더 쉽게 이해할 수 있을 것이다. 우선 당신이 좋아하고, 당신에게 영감을 주는 이미지를 선택하라. 그러고 나서 질문하라. "이것들이 정말 나에게 하려는 말이 무엇인가?"

내 얘기를 좀 하자면, 약 10년 전쯤 나는 오래된 찻잔 세트를 모으는 데 한동안 열광했다. 갖고 싶은 게 너무 많았지만, 살 형편이 못 되는 게 문제였다.

그러던 어느 날 우연히 어느 그림을 보게 되었다. 그 그림 속에는 큰 테이블이 있었고, 테이블 위에는 각기 짝이 다른 오래된 찻잔과 받침들이 널브러져 있었다. 전반적으로 아주 지저분한 집을 그린 그림이었다. 그런데 신기하게도 그 지저분한 것들이 전혀 눈에 들어오지 않았다. 그저 그 그림을 보면서 찻잔과 잔 받침이 세트가 아니어도 그리 나쁘지 않다는 것을 깨달았다. 게다가 잔과 잔 받침을 따로 사면 훨씬 싸다. 그 후 10년이 지난 지금, 우리 집 정원에는 그림에서 봤던 것과 비슷한 큰 테이블이 놓여 있다. 오래된 예쁜 잔들과 함께 말이다.

물론 이것은 그냥 넘어가도 될 만한 사소한 사례일지도 모른다. 그러나 이는 일련의 과정을 보여준다(최소한 나는 그렇게 믿고 있다). 힌트는 여기에 있다. 당장 돈이 없다는 사실에 우울해하거나 전전긍긍하지 말고, 좋아하는 것에 꾸준히 관심을 갖기만 하면 된다.

애정이 부여한 가치는 가격과 상관없다

좀 더 스케일이 큰 사례를 들어보자. 우리 동네에 매물로 나온 어느 집 얘기다. 길모퉁이에 있는 집이 최근 매물로 나왔는데, 그 집은 우리 집과는 상당히 다르다. 우리 집은 여러 차례나 보수를 한 오래된 건물로, 현대적인 매물 광고판도 어울리지 않을 정도다. 조명이 많지 않아서 다소 어둡고, 가족이 함께 모일 만한 커다란 주방도 없다. 연예인들이 꿈꾸는 집은 당연히 아니다(비록 우리 부부가 아주 멋진 디너파티를 여러 번 열긴 했지만). 솔직히 가끔은 이웃들의 동정 어린 눈길도 받는 그런 집이다.

매물로 나온 길모퉁이에 있는 집 역시 별로 아름답지는 않다. 우리 집과 크기도 거의 같고 정원은 오히려 그쪽이 더 작다. 그러나 부동산 업계의 언어를 쓰자면, 그 집은 사람들이 좋아할 요소들을 두루 갖추고 있다. 집값도 우리 집보다 1.5배나 더 비싸다. 그 차이는 나의 수입을 수년간 모은 것과 맞먹는다(숨만 쉬고 모아야 그 정도다).

어떤 면에서 그 집의 가격이 그렇게 오른 것은 단지 운이 좋아서일 수도 있다. 하지만 우리 부부는 그 집이 별로 부럽지 않다. 우리는 우리 집에만 있는 몇 가지 특징들을 몹시 좋아한다. 구석구석에 숨어 있는 특이한 구조, 예상치 못한 방식으로 층이 변하는 것, 나름 웅장한 느낌을 살리려고 노력한 디테일 같은 것 말이다. 이런 특징들은 집값과는 별로 상관없지만, 우리 부부가 정말 좋아하는 것들이다.

여기서 중요한 것은, 우리 집이 길모퉁이 집보다 싸다는 것을 알게 되었다고 해서, 우리 부부가 우리 집을 좋아하는 마음이 줄어든다거나, 우리가 부여한 우리 집의 가치가 떨어지는 것은 아니라는 것이다.

*빌헬름 페르디난드 벤츠 덴마크의 화가. 일상생활의 풍경을 그린 작품이 많다.

갈망과
두려움

Chap 13 Longing and Fear

우리 아버지는 모든 금전 기록을 책상 속에 보관하셨다. 나는 가끔씩 아버지가 책상을 살짝 열고 찢어진 편지봉투와 구겨진 종이들을 한 뭉치씩 집어넣는 모습을 보곤 했다. 아래 서랍에는 영수증이나 서류, 파일, 팩스로 주고받은 명세서, 서식용지, 갈겨쓴 편지와 목록, 도장이 찍힌 명세서와 찢겨진 공책들이 수북이 들어 있었다. 나는 그 종이 더미 위에 또 다른 종이들을 쌓아올리는 아버지를 보며 일종의 부끄러움과 죄책감 같은 것을 느꼈다.

   나는 기록을 완벽하게 정리하는 것이 매우 쉽다고 생각했다. 열네 살쯤에 나는 1년에 약 26파운드의 수입이 있었다. 납부해야 할 세금이나 공과금 같은 것도 없고, 돈 때문에 부끄럽거나 두려울 것도 없었기에, 내 돈의 입출금 내역을 간단명료하게 기록할 수 있었다. 1980년

9월부터		내가 가지고 있던 돈	20.75파운드
3일	할아버지가 50페니 주셨음	현재 가지고 있는 돈	21.25파운드
6일	《그랜드 마스터처럼 생각하기》라는 책 사느라 2.99파운드 지출	남은 돈	18.26파운드
10일	할아버지가 50페니 주셨음	현재 가지고 있는 돈	18.76파운드

10월의 기록 중 제일 앞부분은 위의 표와 같았다.

  나는 이 기록들을 만족스럽게 훑어보았다. 알아보기 쉽게 잘 쓴 글씨였다. 그런데 어른이 된 지금, 돈을 넣어두는 내 서랍은 왜 이리 끔찍한 걸까? 열어봤자 우울하고 괴로울 뿐이다. 그 서랍을 보고 있노라면, 묘한 불쾌감이 밀려온다. 내가 필요로 하는 정보나 서류를 절대 찾을 수 없을 것 같은 그런 기분이다. 마치 원하는 것을 갖기 위한 만큼의 돈을 결코 벌 수 없는 기분이랄까. 급하면 급할수록 나는 더욱더 미친 듯이 서랍을 뒤질 테고, 서류들은 더욱더 뒤죽박죽이 되어버릴 것이다. 악순환은 더욱 깊어만 가고, 그러다 보면 내 인생 전체가 망한 것처럼 느껴져 어느덧 분노와 절망에 휩싸이게 된다. 창밖으로 종이 뭉치를 집어던지고, 이혼이든 파산이든 교도소든, 내게 다가올 무시무시한 재난에 몸을 확 던지고 싶어진다.

돈과의 관계를
기분 좋게 받아들이기

도대체 왜 그럴까? 나는 왜 '기록'이라는 것, 이렇게 간단하고 명확하고 관리하기 쉬운 체계를 제대로 유지하지 못하는 걸까? 왜 나는 내가 얼마를 지출했고 얼마를 저축했는지 모르는 걸까? 왜 내 재정상태가 현재는 어떻고, 앞으로는 어떨지 나 자신에게 분명히 설명하지 못하는 걸까?

정리하고, 기록하고, 서류를 철하고, 서식을 채우는 일이, 내게는 왜 그리 지겹고 지루한 걸까? 단지 내가 게을러서일까? 단언컨대 그렇지 않다. 기본적으로 나는 쓸데없고 소소하고 반복적인 일을 무척 좋아한다. 걱정스러울 만큼 스도쿠*나 퍼즐 맞추기에 몰두할 때도 종종 있고, 모노폴리**를 할 때는 돈과 카드를 완벽하게 정리하는 데 집착한다.

비록 내가 지금 나의 게으름을 만천하에 공개하며 자기비하를 하고, 지루한 것도 잘 참는다고 우기고는 있지만, 그렇다고 해서 게으르고 싫증을 잘 내는 성향이 나를 힘들게 하는 진짜 원인은 아니다. 게으름과 싫증은 증상이지 원인은 아니기 때문이다.

진짜 이유는 따로 있다. 마치 뜨거운 것에 닿으면 본능적으로 손을 떼듯이, 나는 심리적으로 이런 특별한 문제(돈에 관한 문제)에 다가가는 것이 위험하다고 느낀다. 심리적 혹은 정신적으로, 우리는 우리의 영혼을 위협하는 것으로부터 몸을 사리게 되어 있다. 여기서 심각하고도 중요한 문제는 우리가 두려움을 느낀다는 것이다. 더 심각한 문제는 두려움의 실체를 잘 알지도 못하면서 반사적으로 두려워한다는 것이다. 그것을 극복하고 싶어도, 두려움의 실체를 오해한다면 결코 극복할 수 없다. 이것이야말로 많은 사람들이 돈과의 관계를 유연하고 유용하게 지속해나가지 못하는 이유가 아닐까.

나는 내 돈 서랍을 정리하기가 두렵다. 지금 생각해보면 아버지도 그랬던 것 같다. 그것은 마치 고소공포증 같다. 두려워하지 말아야 한다는 것을 알지만, 진짜 무서운 무언가가 있어서 두려움을 느끼는 것처럼 나는 두렵다. 고소공포증을 느끼는 사람들은 그들이 현재 안전한데도 곧 떨어져 죽을 것 같은 공포를 느낀다. 정말 소름끼치는 경험이 아닐 수 없다.

실현 가능성은 없지만 내가 좋아하는 해결책은 돈이다. 돈이 더 많아진다면, 돈과의 관계를 훨씬 더 기분 좋게 받아들일 수 있지 않을

아주 조금
동정심이 느껴진다.

까? 하지만 나는 돈을 더 많이 가질 수 없다. 왜냐하면 이제껏 한 번도 돈과의 관계가 좋았던 적이 없기 때문이다. 돈과의 관계가 늘 불행했기 때문에, 돈에 관한 일이라면 뭐가 됐든 뒤죽박죽되고 혼란스러워지는 것이다. 혼돈에 걱정까지 더해지면 상황은 더 나빠진다.

의미가 있으면 허드렛일도 중요해진다

내가 겪는 것과 비슷한 일상의 정신적 문제를 다루고 극복하도록 돕는 것이 바로 예술의 중요한 임무일 것이다(비록 오늘날에는 간과되고 있지만).

어쩌면 로마의 시인 베르길리우스Vergilius는 이런 상황에서 우리를 돕기에는 부적합한 사람처럼 보일지도 모르겠다. 로마제국 초기에 (아우구스투스가 그의 최고 후원자였다) 베르길리우스는 '조르직스Georgics'라는 농경시를 여러 편 썼다. 그 시들은 농사에 관한 지도서로, 씨는 언제 뿌리고, 양봉은 어떻게 하는지, 포도나무는 어떻게 가꾸는지에 대해 가르쳐준다.

베르길리우스는 그 시들을 통해 사람들의 소소한 고민과 농사의 위대함과 매력, 소박한 장점들을 여실히 보여주었다. 현대를 사는 우리가 보고 배워야 할 중요한 점이 바로 이것이다. 베르길리우스의 시는 솜씨 좋고 탁월한 농부들을 위한 것이 아니라, 자신이 게으르고 싫증을 잘 낸다고 생각하는 사람들, 또는 그 모든 어려운 일들을 지금 당장은 생각조차 하기 싫은 사람들을 위한 것이다.

베르길리우스에 따르면, 어떤 일들은 결과가 어찌 됐든 그 자체만으로 인정받을 수 있다고 한다. 이러한 맥락에서 18세기 독일작가 볼프강 폰 괴테Wolfgang Von Goethe는 복식부기[***]의 미덕에 대해 즐겨 말하곤 했다. 그는 수입과 지출이 아닌 기록방식 쪽으로 사람들의 주의를 돌려놓았다. 정신적인 측면에서 볼 때, 이런 지루한 일의 장점은 정확성을 허용한다는 것이다.

아마 당신 역시 한번은 비슷한 경험을 해본 적이 있을 것이다. 수입과 지출을 꼼꼼히 기록하는 데 정신을 쏟다 보면, 어느덧 자신이 적고 있는 내용보다 지금 기록하는 것을 틀리지 않아야겠다는, 또 다른 측면에 주의를 기울이게 되는 경험 말이다. 가령 가계부를 쓸 때 하루 혹은 일주일의 지출내역을 정확히 적는 데 몰두하다 보면, 어느덧 통장잔고나 가벼워진 지갑에 대한 고민은 뒷전인 경우와 같다.

베르길리우스는 당대 최고의 지식인답게 엄청나게 화려하고, 감성적으로나 도덕적으로나 무게감이 충만한 글을 썼다. 그리고 지성적인 필력으로, 언뜻 보기에 별로 중요하지 않아 보이는 현실적인 문제들을 언급하며 우리의 관심을 끌고 있다. 가령 비가 오면 무슨 일을 해야 하는가? 이런 질문에 대한 그의 대답은, 곡물을 담아놓은 자루가 몇 개인지 세기, 바구니 짜기, 쟁기 수리하기, 옥수수 빻기 등이다.

그는 이처럼 실용적이고 소박한 일상의 지도사항들을, 신이나 인생의 의미에 관한 토론과 관련지어 설명했다. 사소한 문제들을 커다란 문제들과 연관시킨 것이다. 시시한 일을 한다 해도, 진정 훌륭한 목표를 추구한다면 그 일은 커다란 의미를 갖는다. 우리가 왜 그 일을 해야 하는지, 더 크고 훌륭한 목표에 어떻게 기여해야 하는지를 알게 되면, 아무리 사소한 일이라도 더 이상 헛된 것이라는 생각은 들지 않는다.

그런데 사람들은 따분하고 하찮아 보이는 허드렛일을 인생에서 분리하고 제거해야만, 그것을 더욱 잘 통제할 수 있다고 생각한다. 내게는 우리 아버지의 굳게 잠긴 책상이 그렇게 느껴진다. 성가시고 지루하고 불편한 일들은 차단해버리는 것. 그럼으로써 우리의 나머지 부분을, 인생에서 중요한 부분을 오염시키지 않을 수 있다고 생각했던 것 같다.

그러나 베르길리우스와 괴테는 반대로 생각했다. 그들은 일상적이고 힘들고 지속적인 활동을 관찰하면서 그것들을 자아개념의 중심에 가져다놓았다.

다음은 베르길리우스의 시 중에서 '노동의 리듬'을 다룬 '가을'이다.

> 계절이 다시 가고 오듯이
> 농부의 노동이 다시 돌고 돈다.
> 지금은 포도나무에 잎사귀들이 간신히 매달려 있는 시기다.
> 살을 에는 북풍은 삼림지대의 자존심을 날려버린다.
> 이런 때조차도 농부는 다가올 계절을 힘차게 준비한다.
> 앙상한 포도나무를 둥근 가지치기 칼로 베고
> 다듬으면서 모양을 만든다.
> 맨 처음으로 땅을 경작하고 처음으로 가지치기를 하는 사람이 돼라.
> 모닥불을 피우기 위해, 처음으로 포도나무 가지를 밑에 까는 사람이 돼라.
> 하지만 포도주를 제일 늦게 생산하는 사람이 돼라.
> 그것이 힘든 노동을 보상하리니.

그가 어떻게 말하든, 베르길리우스가 책에 쓴 일들이 쉬워지거나 덜 힘들어지는 것은 아니다. 그의 진정한 의도는 농사일을 쉽게 만들려는 것이 아니라, 노동을 존재의 위대함과 연결시켜 노동의 품위를 높여주는 것이다. 그는 신화와 계절과 지역 종교에 대해 쓰고 있다. 또한 훌륭한 농부의 지혜와 선견지명, 그리고 땅을 경작하는 데 필요한 모든 과정에 대한 농부의 헌신을 묘사했다.

어떻게 보면 농부가 하는 농사일과 재정 관리에 필요한 끊임없는 노력은 매우 흡사하다. 베르길리우스의 시를 현대적인 상황에 맞춰 '재정 관리의 리듬'에 관한 내용으로 바꿔보자.

> 이제 제비도 떠나고, 겨울 강풍이 지붕을 뒤흔드는 지금,
> 지금은 당신이 은행 명세서와 영수증을 정리할 시간이다.
> 퇴근하고 집으로 돌아오는 길에,
> 철물점에 들러서 A4 용지를 담을 만한 나무상자 2개를 산다.
> 그리고 문구점에 들러서
> 희망을 상징하는 마닐라 색의 폴더들을 여러 개 구입한다.
> 저녁을 일찍 먹고 모든 종이들을 카펫 위에 펼쳐놓는다.
> 그리고 신이 그른 것으로부터 옳은 것을 갈라내듯이,

각종 종이들을 두 부류로 분류하라.
날짜별로 정리한다. 천천히 하라.
그리고 다 끝났을 때
'명확함과 정돈'을 좋아하는 아폴로 신에게 술잔을 올려라.
둘째 날 밤에는 당신의 마음을 계산에 바친다.
셋째 날 밤에는 서식을 채우는 데 헌신한다.
이런 식으로 당신이 해야 할 일을 계절별로 정리한다.

베르길리우스는 우리가 재미있을 뿐 아니라 교양과 지각이 있고 생각도 깊은 사람들이라 생각하고, 위엄 있게 지도한다. 그리고 그는 우리를 꾸짖거나 괴롭혀서 따르게 하지 않고, 시인이자 철학자로서 우리에게 접근한다.

궁극적으로 사람들은 예술을 창조한다. 별로 중요하지 않은 정치적 예술이라든지 가정경제의 예술이라 해도, 그것을 '예술'이라고 말하는 순간 사람들은 함께 융합될 다양한 동기나 보상을 떠올리게 된다. 깨끗함과 명료함으로 연결되는 '정리의 미학'이 있는가 하면, 골동품 탁자의 아름다움이나 수학 방정식의 우아함, 소나타에서 나타나는 음의 정확성과 같은 물리적 아름다움이 있다. 이것은 고전적인 아름다움이다.

 나는 어떤 일을 체계화하고 준비하는 것과 실제 행동으로 옮기는 것을 구분하는 게 매우 중요하다고 생각한다. 왜냐하면 이 두 가지는 심리적으로 아주 다른 활동이기 때문이다. 돈을 정리할 때는 마치 소라껍데기나 엽서, 혹은 누군가의 서류를 정리하듯이 해야 한다. 그러나 그 일을 할 때는, 단계적으로 차근차근히 하는 것이 최선책이다. 모든 것을 한 번에 해결하기란 불가능하다. 그런 일은 일어나지 않는다. 이는 마치 언어나 악기, 스포츠를 배울 때와 비슷하다. 너무 서두르거나 너무 일찍, 그리고 너무 골똘히 전체를 바라보는 것은 위험하다. 그렇게 하다가는 전체적인 기에 눌린 나머지 풀이 죽어버려서 노력할 엄두가 나지 않을 수도 있다. 잘못하면 초기에 거둔 약간의 성과마저도 민망해진다.

 베르길리우스는 그의 저서에서, 우리가 해야만 하는 일과 우리가 함으로써 우리 자신을 존경하게 되는 일 사이의 간극을 좁히려고 노력했다. 그는 일상적인 활동에서 문화적으로 화려하고 매력적인 요소를 찾아내, 그것이 갖는 중요한 의미와 역할에 대해 역설했다. 그러한 일상적인 활동들이 더 매력적으로 보이게끔 만들어 당신도 관여하고 싶도록 만들었다. 이런 것이야말로 유익하고 훌륭한 문화의 특징이다. 해야만 하고, 하면 좋은 중요한 일들을 우리가 즐기면서 할 수 있도록 도와주기 때문이다.

---

* **스도쿠** 일본에서 개발된 일종의 퍼즐게임으로, 마방진 게임에서 유래되었다.
** **모노폴리** 보드게임의 한 종류로, 부동산을 사고파는 게임이다.
*** **복식부기** 기업의 자산과 자본의 증감 및 변화 과정과 그 결과를 계정과목을 통해 대변(우변)과 차변(좌변)으로 구분하여 이중 기록, 계산이 되도록 하는 부기형식이다.

How to Worry Less about Money
John Armstrong

**THE
SCHOOL
OF LIFE**

이윤을 추구하면서 착한 일을 할 수 있을까?

How to Make Money and be a Good Person at the Same Time

Part 6

돈과
의미 있는 삶

Chap 14 Having and Doing

이 책의 맨 앞부분에서, 우리가 돈에 대해 느끼는 전형적인 걱정 중 하나로 '돈은 바이러스와 같다'고 말한 바 있다(33쪽에 나온다). 이는 대단히 일반적이고 사회 전체가 느끼는 걱정이기도 하다.
 그러나 그런 걱정은 매우 개인적인 두려움의 형태로 나타난다. 혹시 이렇게 생각해본 적은 없는가? '영혼이라도 팔지 않는 이상, 나는 내 욕구를 채울 만큼 충분한 돈을 벌지 못할 거야!'라고 말이다. 허덕거리며 근근이 먹고사는 게 아니라 원하는 삶을 살기 위해 얼마만큼의 돈이 필요한지 나 자신에게 물었을 때, 그 수치는 어마어마하게 컸다. 그렇다면, 과연 나는 어떻게 해야 그렇게 많은 돈을 벌 수 있을까?
 이 얘기를 다른 방식으로 표현해보자. 만약 내가 일에 관한 한 내 마음속 욕망을 따른다면, 나는 내가 살고 싶고 그렇게 살아야 한다고 믿는 그런 삶을 살기에 충분한 돈을 벌 수 없을 것이다. 이게 내가 느끼는 두려움이다. 이런 걱정은 자녀를 염려하는 부모의 마음에도 침투한다. 내 자식이 어른이 되었을 때 돈 때문에 힘들지 않을까, 어떻게 하면 아이들에게 삶에 대한 희망을 말해줄 수 있을까, 하는 걱정으로 발전된다. 다음과 같은 경험은 부모라면 누구나 해봤을 것이다.

일곱 살 아이 엄마, 나는 커서 랜드로버 지프 5대, 헬리콥터 1대, 수영장 2개, 그리고 커다란 트램펄린을 살 거야.
엄마 어머, 좋겠다! 그런데 그 많은 걸 다 무슨 돈으로 사지? 뭘 할 건데?
일곱 살 아이 응, 학교 버스를 운전할 거야.

이 시나리오는 아이의 순수함에서 시작된다. 아이들은 우리가 하는 일의 금전적인 대가가 얼마인지, 즉 직업과 수입의 관계에 대해 아무런 생각이 없다. 일곱 살짜리 아이는 어떤 일이 재미있을수록, 그 일로부터 더 좋은 일이 많이 일어날 거라고 생각한다. 이런 훈훈한 희망의 본질은 '나는 내가 하고 싶은 일을 하면서 멋진 삶을 살

것이고, 그에 대해 엄청난 보상을 받고 싶다'는 욕구다. 요즘 초등학생들이 죄다 스포츠맨이나 연예인, 슈퍼모델이 되고 싶어 하는 이유다. 욕구 그 자체는 자연스러운 것이다. 다만 불행히도, 이런 분야에서 성공하려면 지극히 높은 수준의 기술과 행운이 필요하다. 다른 종류의 걱정을 다룬, 좀 더 세속적인 대화를 들어보자.

일곱 살 아이 아빠, 나는 부동산 중개업자가 될 거야.
아빠 왜?
일곱 살 아이 왜냐하면 그 사람들이 돈을 제일 많이 버니까.

이 아이는 왜 부동산 중개업자를 선택했을까? 좀 더 구체적인 질문을 해보면, 아이가 왜 그런 선택을 했는지 드러날 것이다. 예컨대 아이는 단순히 크기에 대한 추측에 근거해 부동산 중개업자를 택했을 수도 있다. 즉 더 큰 것을 팔수록 더 많은 돈을 벌 수 있다고 생각한 것이다. 또한 이러한 선택은, '돈은 행복과 일치한다'는 믿음에서 나왔을 확률이 높다. 아이는 은행강도가 되면 돈은 무척 많이 벌겠지만, 그것은 너무 위험하고 나쁜 일이라는 결론을 내리고 가까스로 은행강도의 꿈을 접었을 것이다. 그러나 직업을 정하는 데 가장 중요한 기준이 '돈을 얼마나 버는 것인가'라고 믿는 순진함에서는 약간의 연민이 느껴진다.

돈을 충분히 벌면서
의미 있는 삶을 산다는 것

이러한 아이들의 순수한 시각은 꽤 중요한 사실을 시사한다. 아이들은 기본적으로 어른들보다 세상을 단순하게 바라보기에, 핵심을 파악하기가 더 유리하다. 그러한 아이들의 세상에서는 하나만 해결되면 된다. 네가 좋아하는 일을 해라. 그러면 너는 돈을 많이 버는 부자가 될 것이고, 네 영혼은 충만해질 것이다.

그러나 우리는 현실에서 '소유having'와 '행동doing'이라는 두 가지 문제를 동시에 해결해야 하는 욕구에 맞닥뜨린다. 첫째는, 현실적 욕구를 충족시키기 위해 돈을 충분히 벌어야 한다는 소유의 문제다. 둘째는, 우리의 자아를 일깨워주고 의미 있는 삶을 살고자 하는 깊은 열망을 충족시켜주며, 공공의 이익에 기여해야만 하는 '행동'의 문제다. 두 가지를 다 해결하려니 너무 복잡한가? 삶의 의미나 공공의 이익 따위에 신경 쓰지 않으면 그런 부담감에서 벗어날 수 있다. 그리고 많은 돈을 벌어야 한다는 데도 신경 쓰지 않으면 된다. 하지만 공교롭게도 많은 사람들이 그 두 가지를 다 갖고 싶어 한다.

그렇다면 우리는 왜 소유와 행동 모두를 동시에 신경 써야 하는 걸까? 거기에는 아주 심오한 이유가 있다. 그 두 가지가 잘 사는 삶과 관계가 있기 때문이다.

분명, 우리가 살면서 하는 일은 우리가 누구인지를 말해준다. 당신은 당신의 정신적인 에너지를 무엇에 쏟아 붓고 있는가? 감정적인 자원을 어디에 투입하는가? 무엇을 위해 용기와 대담함, 신중함, 헌신을 활용하는가? 이러한 것들은 '나'라는 존재의 주된 부분을 차지할뿐더러, 일을 하거나 돈을 버는 것과도 필연적이고 깊숙하게 연관되어 있다. 그리고 최선의 노력을 기울일 만큼 가치 있는 활동에 전념하기 위해서는 우리에게 그런 부분이 꼭 필요하다. 우리는 그저 놀고, 쉬고, 삶의 여유를 즐기기 위해 핵심적인 능력이나 가능성을 갖춘 것이 아니다.

결국 앞에서도 얘기했듯이 우리가 무엇 때문에 돈이 필요한지를 생각하는 것은, 매우 중요하고 필수적인 일이다. 돈이 우리에게 허락해주는 기회와 소유물은 우리에게 아주 중요하다(최소한 가끔이라도). 만족과 소득의 관계를 나타내는, 다음과 같은 그래프를 종종 보았을 것이다.

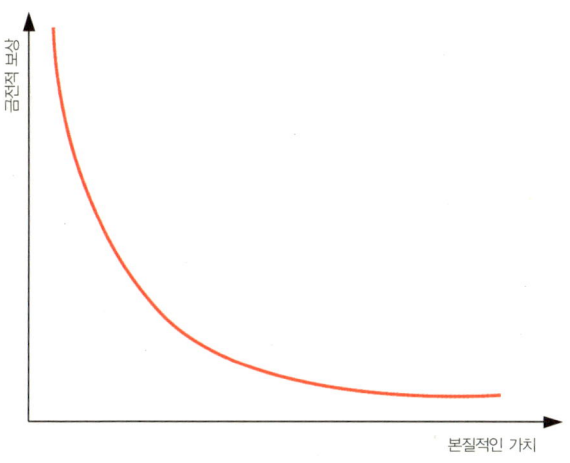

금전적 수익이 증가하면서 그 활동의 본질적 가치는 감소한다.

본질적으로는 아무런 장점도 없어 보이는 일을 하지만, 수입이 엄청난 헤지펀드 매니저를 생각해보자. 반면 부끄러움을 타는 많은 학생들에게 자신감을 심어주었지만, 그렇게 중요하고 훌륭한 일을 하면서도 보수가 적은 초등학교 교사를 생각해보자. 이상적인 경제학에서 볼 때, 가치와 돈의 관계는 이럴 것이다.

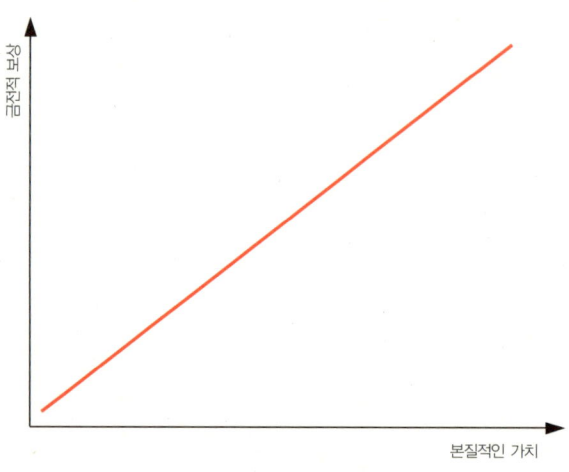

본질적 가치가 증가함에 따라 금전적 수익도 증가하다.

사람들은 자신의 삶에서 이런 일이 정말 일어날 수 있는 방법을 모색하려 노력한다. 본질적 가치가 항상 나에게 좋은 것은 아니지만 실질적으로는 좋은 것이기 때문에, 본질적 가치는 공공의 이익이 되기도 한다. 만약 당신이 진심으로 다른 이들을 위해 좋은 일을 한 데 대한 보상으로 돈을 벌고 싶다면, 많은 돈을 벌고 싶어 하는 것이 탐욕은 아니다.

빛나는 정신과 가난한 환경, 재앙인가 축복인가?

1980년대 내가 처음 런던으로 이사했을 때, 나를 제외한 런던의 모든 사람들이 돈을 엄청 많이 버는 것처럼 보였다. 당시 나는 대학을 막 졸업한 상태였는데, 어떻게 살아야 할지 정말 막막했다(철학과 출신이라서 그런 건지도?). 나는 템즈강 남쪽에 위치한 동네의 낡은 아파트에서 사촌과 같이 살았다. 우리는 8×5피트쯤 되는 아주 작은 방(한국 기준으로 1평 정도)을 함께 썼다. 파트타임으로 웨이터 일을 했는데, 이상한 손님들 때문에 스트레스가 이만저만한 게 아니었다. 최선을 다했는데도 주문한 음식이 늦게 나오면, 손님들은 내게 화를 내고 소리를 질렀다. 내 잘못도 아닌데 그런 모욕을 당하니 매일매일 억울한 마음에 눈물이 끊이지 않았다.

석사 과정을 시작하면서 빚은 더욱 늘어났다. 저녁 세미나가 끝나면 함께 공부하는 학생들끼리 맥주를 마시러 가곤 했다. 물론 즐거운 시간이었지만, 교통비를 술값으로 써버린 나는 암울한 도시의 밤거리를 수 마일씩 걸어서 집으로 돌아가야만 했다.

니체를 연구하던 내 친구 크리스는 해러즈 백화점*에서 파트타임으로 상품을 선반에 진열하는 일을 했다. 어느 날 그는 내게 자기 동생이 실망스러운 말투로 이렇게 말했다고 했다.

"삶의 의미에 대해 그렇게 훌륭한 통찰력을 지닌 형이, 그곳에서 잼이나 정리하고 있다니, 말도 안 돼!"

그의 동생은, 한 사람의 진정한 장점이 경제적 요구와 쉽게 결합되지 않는 현실을 다소 잔인하게 지적했다. 물론 크리스 역시 돈을 더 많이 벌기를 원했다. 그러나 그가 원하는 것은 그뿐만이 아니었다. 그는 자신의 재능을 발산할 수 있는 더 좋은 출구가 있는 세상에서 살고 싶어 했다.

본질적으로 가치 있는 일을 하면서 경제적 욕구도 충족시키기에 '자본주의'는 손상된 시스템일 것이다. 그럼에도 아주 오랫동안(아마도 죽을 때까지) 그 안에 갇혀 살아야만 한다는 것이 사람들의 일반적인 걱정이다. 종종 아주 잔인해 보이기도 하지만 빠져나갈 수 있는 명확한 길은 없다. 오늘날 시대적 우울함이 만연하게 된 이유가 바로 이것이다. 그래서 나는 이 시대를 살아가는 사람들이 좀 더 많은 희망을 느끼게 해주는 방법을 찾고 싶다.

개인적인 걱정과 일반적인 걱정은 서로 연결되어 있다. 양쪽 다 같은 문제를 바라보고 있다. 즉 금전적으로 성공하는 동시에 좋은 사람이 되는 것은 너무 어렵다는 것이다. 둘 다 손에 넣기 어렵다는 사실을 알면서도, 우리는 두 가지 인생을 다 살 수 없을까 봐 걱정한다.

***해러즈 백화점** 런던 나이트브리지Knightsbridge에 위치한 영국 제1의 백화점.

돈은
윤리적인가?

Chap 15 What Rex Got Wrong and Other Lessons

돈과 이상은 어떻게 결합될 수 있을까? 개인적으로든 집단적으로든, 금전적인 이윤과 더 높은 가치를 추구하는 진지함이 만나는 접점이 과연 존재할까? 이를 이해하는 것은 대단히 중요한 과제다. 과연 인간이 가진 숭고한 욕구를 충족시키면서 돈도 많이 버는 것이 가능할까?

이 질문의 답을 찾으려면 다양한 요소들을 총체적으로 고려해야 한다. 먼저 이윤추구의 명분이 무엇인지 생각하고, 기본적인 것을 해결해주는 중간 필요를 충족시킨 후에, 어떻게 해야 더 깊은 영혼의 욕구까지 충족시킬지를 생각해야만 한다.

그건 그렇고, 이윤을 추구하는 명분에 집중하면 돈을 버는 방법은 쉽게 설명할 수 있다. 어떤 사람들은 부가 착취로 축적되는 것이며, 사회의 일부만이 돈을 번다는 석연찮은 의심을 품고 있다. 그런 의심을 하는 이유는, 돈을 버는 것이 사실 다른 사람들의 돈을 가져오는 행위라 여기기 때문이다. 게다가 이러한 생각은 '부는 빈곤의 원인이다'라는 근거 없는 믿음을 부추긴다.

이 문제를 좀 더 구체적으로 다루기 위해, 우리는 우리 자신에게 다음과 같은 질문을 해봐야 한다. 우리의 영혼을 감동시키며 돈을 벌 수 있는 일로는 어떤 것이 있을까? 그런 경우 대체 어떤 일들이 벌어지는 것일까? 이에 대한 이해를 돕기 위해 역사 속에서 찾은 네 가지 사례를 소개하겠다.

찬스 카드, 편견 없이 본질과 맥락을 파악하기

모노폴리 게임을 해본 적 있는가? 이 게임에는 '찬스 카드'라는 게 있는데, 이런 말이 적혀 있는 카드가 있다. '당신은 캠든 마켓에서 수채화 물감을 살 수 있고, 그것을 큰 이윤을 남겨서 팔 수 있다. 20만

파운드를 모아라.' 이 카드는 돈을 버는 것에 대한 가장 기본적인 생각을 보여준다.

자그마한 장식품들을 파는 가판대를 본 적이 있을 것이다. 그런 곳에 있는 그림이나 장식품들은 아티스트의 이름도 없고, 이렇다 할 액자도 없이 전시되어 있다. 대단히 좋아 보이는 상품도 아니고 공을 들인 흔적도 별로 없어 보인다. 그러나 안목이 뛰어난 사람들은, 그 중에서도 특별히 공을 들인 부분이나 꽤 섬세한 제작수준 등을 알아보고 금전적인 가치를 가려내곤 한다. 좋은 액자에 넣어 유명한 아티스트의 이름이 새겨진 받침대 위에 우아하게 놓여 있다면, 혹은 메이페어Mayfair*의 조용하고 호화로운 갤러리에 전시되었다면, 꽤 비싼 가격이 붙었을지도 모르는 그런 것을 찾아내는 것이다.

여기서 중요한 덕목은, 편견을 갖지 않는 것이다. 물건을 그 배경이 아니라 그 자체로 평가해야 한다. 하지만 사회적 분위기는 여전히 그렇지 않은 것이 현실이다. 대상의 본질이 아니라 2차적 가치를 부여해 값을 올리는 것이다.

또 다른 덕목은, 전후 상황과 맥락을 제대로 파악하는 것이다. 더 많은 사람들에게 어떤 물건의 가치를 좀 더 분명히 보여주고 싶다면, 당신이 해야 할 일은 무엇인가. 앞에서 언급한 갤러리 사례를 보면,

이 질문에 대한 답은 이미 나와 있다. 하지만 속임수를 써서 반대로 할 수도 있다. 진정한 가치 대신 오직 2차적인 가치에만 관심을 갖게 만드는 것이다.

다시 찾은 브라이즈헤드, 상업화는 모든 우아함의 적?

영국의 소설가이자 평론가 에블린 워Evelyn Waugh의 《다시 찾은 브라이즈헤드Brideshead Revisited》에 나오는 에피소드 하나를 소개하겠다.

파리에 살고 있는 주인공 찰스는, 천박하고 욕심 많은 모험적인 투자가 렉스 모트람과 저녁을 먹게 된다. 렉스가 저녁을 사기로 하고 그들은 찰스가 좋아하는 레스토랑에 간다. 그 레스토랑은 크게 눈에 띄진 않지만 매우 훌륭했고, 렉스는 그곳의 음식과 분위기가 마음에 들었다. 그러다 문득 '누군가 이 레스토랑을 제대로 인수한다면 이윤을 얼마나 낼 수 있을까?'라는 생각이 들었다.

그것이 무엇을 의미하는지 알 것이다. 이윤 추구에 급급한 주인이 운영을 맡는다면, 그 식당의 진정한 가치는 사라질 것이다. 음식 맛

아주 값진 보물을
발견할 수 있는 곳

은 떨어지고 인테리어만 화려한 식당으로 남을지도 모른다. 가격도 급격히 오르고 가십거리와 유행에 영합하게 될 것이다.

찰스는 역겨움을 느낀다. 우리는 찰스에게 '상업화는 모든 우아한 것들의 적이고, 그런 것은 혐오스럽고 몰지각한 렉스 같은 사람들에게나 어울리는 것'이라며, 기운을 북돋아주고 싶은 충동이 생긴다.

우리는 모두 무언가가 '상업화'되면 싸구려가 되고 수준이 떨어질 거라는 두려움을 갖고 있다. 우아함과 아름다움, 친근함으로 가득했던 것들이, 대량으로 유통되면서 대형마트에서 판매하는 비슷비슷한 상품들처럼 변할지도 모른다. 분명 그것은 진짜 위험한 시도다.

그러나 다른 방법이 없는 것은 아니다. 그 레스토랑은 현재 많은 부분에서 아주 잘 운영되고 있다. 분명 다른 많은 식당들보다 훨씬 낫다. 따라서 찰스의 의견에 공감하는 사람들은 그런 레스토랑들이 좀 더 많아지고 대중화되길 바란다. 그런데 어째서 그런 식당이 많지 않은 걸까? 대답은 이렇다. 어떻게 하면 식당을 그렇게 운영할 수 있는지 아는 사람이 별로 없기 때문이다. 어떻게 하면 레스토랑을 더 특별하고 멋지게, 더 세련되고 아름답게 만들 수 있는지, 어떤 메뉴를 고안하고 어떻게 음식의 수준을 높게 유지할지, 그리고 어떻게 우아하고 너그러운 분위기를 만들 수 있는지 등을 잘 몰라서 그렇다. 물론 세상 어딘가에 그런 노하우나 지식들이 존재하겠지만.

그러므로 우리는 이러한 지식이 널리널리 퍼져서 세상에 더 많은 영향을 끼치기를 바란다. 상업화의 과정은, 진정성 있는 좋은 자질들이 더 많은 곳에서 결실을 맺을 수 있는 방법을 강구하는 것이어야 한다. 어떻게 해야 그런 종류의 지성(경영에 관한 지혜나 노하우)이 술집이나 호텔 경영을 이끌고 바꿀 수 있을까?

《다시 찾은 브라이즈헤드》의 사례는 내게도 매우 중요한 의미가 있다. 한동안 내 머릿속에 이와 관련된 고민이 떠나질 않았기 때문이다. 솔직히 고백하자면, 나는 상업화가 렉스처럼 돈만 밝히고 탐욕스러운 사람들이나 하는 것이라고 생각했다. 내가 아끼고 좋아하는 것들이 이 세상에 더 널리 퍼져서, 어떻게 해야 효과적으로 경쟁하게 할 수 있을지에 대해서는 한 번도 나 자신에게 물어본 적이 없다. 그렇게 의식하지 못하는 사이에, 나는 이미 상업화에 대한 부정적이고 비관적인 생각에 젖어들었던 것이다. 그래서 이윤 자체를 나쁜 것이라 생각했고, 내가 싫어하는 모든 것에 권력과 영향력을 안겨주는 불온하고 불쾌한 것으로 간주했다.

그러다 보니 무의식적으로 훌륭한 것은 상업적이지 않아야 한다, 즉 수익성이 없어야 한다는 결론에 이르게 되었다. 예를 들어, 가장 훌륭한 영화는 적자를 봐야 하고 가장 훌륭한 시집은 팔리지 않아야 한다고 생각했다. 따라서 질적으로 훌륭하고 의미 있는 것들은, 정부가 반드시 보조를 해주어야 존재할 수 있다고 생각했다.

또한 아름답고 진지한 것들을 위해, 정치인들이 시장에 개입해 경쟁하지 않아도 되는 일종의 '안전지대'를 확보해주기를 바랐다. 하지만 곧 정치가 그런 일을 하기에는 너무도 형편없는 구조임을 깨달았다. 정치는 사회지배층의 우려나 걱정에만 관심을 가지며, 야심에 찬 정치가의 속마음은 선거에서 승리하는 데만 쏠려 있으니 말이다. 정치인들이 목표한 표를 얻기 위해 자기 선거구의 부동층 유권자들의 관심사에만 신경을 쓴다는 얘기다.

거시적인 시각에서 보았을 때, 아름다움과 선량함과 진실의 성공과 발전은 정치인들의 주된 관심사이자 집단이 성취해야 할 위대한 의무가 되어야 한다. 그러나 정치가 갖는 현실적인 제약 때문에, 정부는 그런 이상적인 것들을 추진해주는 힘센 천사가 될 수 없다. 따라서 아름다움, 선함, 진실과 같은 가치의 발전을 바라는 사람들은, 문화가 존중되는 시장에 관여해야만 한다. 그리고 진정한 상업화는 그러한 관여를 의미하는 것이 되어야 한다.

랜드마크 트러스트, 수준 높은 상업화에 필요한 것들

　랜드마크 트러스트Landmark Trust 역시 상업화에 대한 영감을 얻을 수 있는 사례다. 참고로 랜드마크 트러스트는 1980년대에 영국에서 설립되어, 현재는 프랑스와 이탈리아, 미국 등에서 운영되고 있는 자선단체다. 처음에는 허물어지기 일보 직전의 특이하고 아름다운 건물들을 구제하고 보존하고자 하는 열망에서 시작되었다. 대개 이런 건물들은 역사적으로나 건축학적으로 봤을 때 정부가 국가유산으로 지정하고 보존할 만큼 뛰어난 건물들은 아니었다. 그래서 랜드마크 트러스트는 정부의 도움을 받기보다는 이 건물들을 상업화하기로 했다. 이 건물들을 역사 체험의 장으로 만들어 입장료 등으로 수익을 올리고, 그 돈으로 건물의 유지보수 비용을 조달하자는 것이었다.

　이들은 오랜 역사를 자랑하는 유서 깊은 건물에서 휴가를 보내는, 매우 훌륭한 상품을 팔았다. 건물 내부를 아주 단순하면서도 세련되게 장식하고 멋진 가구를 비치했다. 다만 걱정되는 점은, 많은 사람들이 몰려와 건물이 훼손되거나 매력이 떨어질지도 모른다는 것이었다. 하지만 랜드마크 트러스트는 현명하게 잘 운영되었고, 건물의 진정한 가치를 훼손시키는 일은 일어나지 않았다. 그들은 그렇게 지켜낸 모습 그대로를 우리 앞에 상품으로 내놓았다. 마침내 그들은 시장에서 상품을 잘 팔 수 있는 법을 찾아낸 것이다.

랜드마크 트러스트 사업과 밀접한 관계를 갖는 '상업화'라는 단어는, 여전히 종종 적대적이고 부정적인 느낌으로 쓰인다. 마치 우리가 개탄해야만 하는 과정으로 다가올 때도 있다. 그러나 우리가 진정으로 개탄하고 거부해야 하는 것은 '질 낮은 상업화'다.

간단히 말하면, 상업화는 상품성이 없는 어떤 대상의 경험을 수량화하고 표준화해 가치 있는 상품의 형태로 전환시키는 과정이다.

1785년에서 1825년 사이에 에든버러 시가 뉴타운으로 확장될 때, 건축부지와 주택설계가 상업화되었다. 이 말은, 사람들이 엄밀하게 규정된 특정 수준의 집을 지을 수 있는 권리를 갖는 동시에, 일정 크기의 토지 지분을 구매할 수 있다는 뜻이다. 그리고 그 지분은 분배되거나 거래될 수 있었다. 그런데 이런 상업화는, 국가의 정신적 타

상업화와 이윤 추구가
만들어낸 것

락으로 이어지거나 상거래의 미덕을 훼손시키지 않았다. 오히려 반대로, 그것은 세상에서 가장 아름다운 테라스와 광장과 거리의 건축을 가능하게 해준 경제적 기초가 되었다.

에든버러는 건물의 표준등급화 작업이 도시건축에 대한 훌륭한 아이디어들과 민첩하게 결합해 좋은 결과를 얻은 경우다. 역사적인 측면에서 볼 때, 당시 에든버러의 도시계획을 맡은 설계자들은 운이 아주 좋았던 것 같다. 왜냐하면 재무적 감각과 고상한 취향을 두루 갖춘, 의외로 교양 있는 공무원들이 등급화와 표준화 작업을 관리했기 때문이다.

잘못된 상업화는 단순히 품질등급의 표준화나 대량의 거래가 이루어지는 시장 때문이 아니다. 잘못된 등급화와 거래량의 양적 팽창이 진정한 가치에 대한 우리의 이해와 요구를 반영하지 못하기 때문이다.

예를 들어, 표준화된 호텔방은 일반적으로 혼이 결여되어 있다. 숙박산업의 삭막한 측면만을 표준화했기 때문이다. 더 훌륭한 통찰력과 뛰어난 기술력이 있다면, 우리는 '가정적'이나 '친밀한' 같은 정신적인 가치나 느낌까지 표준화할 수 있다.

헨리 포드의 교훈, 왜 산업화를 두려워하나?

지금까지 상업화에 대해 알아봤으니 이제 산업화에 대해서도 생각해보자. '산업화'란 경제 규모를 확대하기 위해 한때 소규모의 독립된 공급자가 했던 일을 재조직하는 과정을 가리키는 말이다.

전형적인 산업화의 순차적 전개과정은 초창기 자동차 산업에서 볼 수 있다. 처음에는 작은 회사 여러 곳이 각각 적은 대수의 자동차를 생산했다. 그들 중에서 생산과정을 재조직해 효과적으로 대량생산을 할 수 있도록 만든 사람이 바로 헨리 포드다. 대량생산 덕분에 자동차는 더 싼 가격으로 팔리게 되었다.

우리는 소기업에 막연한 호감을 갖는 경향이 있다. 좀 낭만적으로 접근하는 것이다. 사람들은 산업화를 자신들의 고상한 포부와 연결시켜 추구해야 하는 것이 아니라, 경제적인 필요에 기인한, 일종의 암울하고 냉정한 현실이라 인식한다. 그리고 산업화란 자동차 생산에나 적용되는 것이지, 인간의 내면적 관계에는 해당되는 것이 아니라고 생각한다.

심리치료를 예로 들어보자. 현재 소규모의 수많은 심리치료 단체나 치료사들이 있다. 심리치료를 가르치는 학교도 무척 다양하고 많다. 질적인 측면으로도 매우 다양해서 모두 각자 개성 넘치는 훈련 프로그램을 보유하고 있다. 그러다 보니 집을 벗어나 상담실을 비롯한 매우 다양한 곳에서 심리치료가 이루어지고 있다.

그런데 심리치료 요법에 대한 대중들의 생각은 좀 독특하다. 효용성의 여부를 떠나 다소 불확실하면서 약간은 미스터리한 과정이라는 것이 대체적인 반응이다. 치료사의 복장이나 행동 역시 기괴하거나 특이하다고들 생각한다. 좀 더 조직화된 심리치료는 약물치료와도 연관이 있는데, 이 경우는 아주 심각한 증상만 다룬다. 이처럼 심리치료 요법은 비용도 많이 들고 다소 당혹스러우며, 천천히 진행되고 신뢰성이 떨어지는 것으로 보인다. 이에는 당장 눈에 띄는 효과를 거두지 못하는 것도 한몫할 것이다.

그러나 좀 떨어져서 바라보면, 심리치료 요법은 분명 대단히 중요한 인간 활동이다. 오늘날 아주 많은 사람들이 내면적 갈등으로 고통받고 있다는 사실이 기본 전제가 된다. 아이러니하게도 우리의 인간관계를 엉망으로 만드는 것은 바로 우리 자신이다. 우리는 자신의 삶에 슬픔을 느끼고 희망을 버리고 쓸데없는 분노를 느낀다. '조용한 절망'이나 '어디론가 새어나가는 인생' 등과 같은 표현은 우리가 느끼는 흔한 증상을 뜻한다.

그저 먹고 자고 숨만 쉬어도 살 수는 있지만, 사실 우리는 그보다 더 많은 것을 바란다. 실제 심리치료는 이러한 고민들을 해결하는 데 꽤 현실적인 도움이 된다. 우리가 내면의 삶을 다루는 올바른 방법을 찾을 수 있다면, 여러 가지 괴로움과 고민들이 해결될 것이다. 그러면 우리는 더 만족스러운 관계를 유지할 수 있고, 더 나은 인생의 방향을 설정해 우리의 능력을 더 건설적이고 생산적으로 발휘할 수 있다.

헨리 포드의 산업화 방식을 삶의 내면적 욕구에 적용해보면 어떨까? 만일 심리치료사에게 더욱 안정적인 취업기회와 경로가 보장된다면, 더 나은 연구와 훈련을 받을 수 있을 것이다. 또한 심리적 문제를 좀 더 일반적인 문화에 흡수시키고 홍보할 수 있는 전략이 있다면, 심리치료소 분위기가 더 우아해진다거나 더 세련되어진다면 어떨까? 심리치료에 대한 대중의 인식은 한결 좋아질 것이다. 심리치료사들이 돈도 더 많이 벌 수 있을 것이다. 이는 규모와 조직화의 문제다. 그리고 바로 산업화의 지혜다.

돈의 윤리학

아리스토텔레스는 《니코마코스 윤리학》의 서두에서, 수단과 목적의 기본 관계에 대해 이야기하고 있다. '모든 예술과 연구, 모든 행동과 선택은, 선善을 목표로 한다.' 어떤 선을 목표로 하고 있는지 알기 전에는, 그 활동이나 연구를 제대로 이해할 수 없는 것이다.

우리는 먼저 목적을 이해해야 한다. 그래야만 무엇이 수단이 되어야 하는지를 제대로 파악할 수 있을 테니까. 활동은 보통 1단계 이상을 거쳐 조직된다. 아리스토텔레스는 이런 사례를 들어 설명한다(요즘 시대로 봐서는 좀 독특한 사례다). 당시의 거대한 기술 산업에 대한 이야기다.

"마구 또는 말의 여러 가지 장신구를 만드는 기술은 승마술에 해당된다. 한편 승마술을 포함한 다른 군사적 행동들은 군사과학military science에 포함된다. 그리고 군사과학 그 자체는, 선한 사회를 지키고 유지하기 위해 더 광범위하고 더 중요한 과학인 정치의 소관이다."

그의 논리는 명쾌하다. 말과 관련된 것들 중에서 사람들이 원하거나 필요로 하는 것을 살펴봤을 때, 좋은 마구는 말을 더 효율적으로 통제하도록 도와준다. 그러나 승마술 자체는 전투지휘술에 해당된다.

여기서 말을 잘 통제한다는 이야기는, 곧 군사활동에 효과적으로 참여할 수 있다는 의미다. 그런데 여기서 '효과적'이란 말의 뜻을 규정하는 사람은, 말을 타고 싸우는 기사가 아니다. 기사에게 필요한 것이 무엇인지를 확인하는 것은 전투지휘술이다. 그리고 전투지휘 자체는 정치술에 귀속된다. 즉 전투의 요점은 단지 더 많은 목적을 획득하는 것인데, 여기서 말하는 '더 많은 목적'은 전쟁에서 싸우는 능력이 아니라 국가의 안전과 번영이다. 그리고 그 목적은 전투지휘가 아니라 정치에 해당하는 것이다.

좀 복잡해 보이지만 간단히 요약하면 이렇다. 각 단계마다 우리는 질문을 던져야 한다. 이 단계에서 우리가 얻을 수 있는 선은 무엇인가? 그 선을 정말 우리에게 도움이 되고 중요한 것으로 만들기 위해 우리가 해야 할 일은 무엇인가?

아리스토텔레스가 '목적'을 '선'으로 생각한 것은 중대한 의미를 띤다. 인간의 활동이나 연구가 목표로 하는 선은 무엇인가? 선의 본질을 찾는 토론이 윤리학의 중심이 되었고, 돈에 관한 질문이 항상 윤리학의 화두가 되는 이유다.

아리스토텔레스는 인간의 활동에 아주 중요한 의미가 있는 한 가지 문제를 고심했다. 그것은 '수직적 통합vertical integration'이라는 딱딱

한 이름으로 비즈니스에서 사용되는 개념인데, 이 이론에 따르면, 막강한 권력자인 사장 1명을 위해 다른 여러 기업들이 동시에 다양한 부품을 납품한다. 그런데 이 아이디어는 사실 아리스토텔레스로부터 나온 것이다. 정말이다. 비록 그의 모델에서는 모든 사람들이 독재자(혹은 사장)를 위해서가 아니라, 더 높은 이상을 위해 일하고 있지만.

수직적 통합이 간절히 필요한 분야가 바로 미술이다. 요즘 사람들은 대부분 자신들이 미술에 관심 있는 부류라고 생각한다. 더욱 진지하게 흥미를 느끼는 이들은 미술학교에 다니며 강의를 듣고 책도 보면서 미술에 대한 지식과 안목을 키운다. 그러다 나중에는 전시회도 모색한다.

갤러리는 돈이 될 만한 작품을 찾고 아티스트들을 홍보하려 노력한다. 또한 수집가들은 자신들의 취향에 맞는 특정 아티스트들의 작품을 구매해 작가들의 경력에 도움을 준다(왜 그러는지는 잘 모르겠지만). 그러다 어느 순간엔가, 미술 관련 단체들이 몇몇 아티스트들을 인정하고, 마침내 그들은 대단히 중요한 예술가로 칭송받는다. 그 후 다양한 여론몰이가 시작된다. 신문에 평론이 실리고, 잡지사에서 인터뷰를 진행하는 등등이다. 결국 작가는 스타가 되고 작품의 본질이나 진정한 가치에 대한 토론은 뒷전으로 밀려나게 된다.

아리스토텔레스의 모델과 비교했을 때, 이것은 매우 혼란스러운 체계다. 우리는 미술이 실제 세상에 기여하는 선이 무엇인지, 어떻게 우리가 그러한 선의 공급을 극대화할 수 있는지 등에 관한 근본적인 문제에 대해서는 그리 관심을 두지 않는다. 만약 이러한 질문들에 답을 제시한다면, 갤러리나 미술학교들은 분명한 목표가 생길 것이고, 거기에 맞는 학생들을 모집할 것이다.

그래도 돈 혐오론자가 될 필요는 없다

이제까지 살펴본 사례와 분석들이 의미하는 것은 무엇일까? 이런 걸 안다고 해서 과연 우리의 인생에 뭔가 특별한 일이 일어날까? 앞에서도 여러 번 강조했지만, 이 책은 돈을 많이 버는 방법이나 재테크 전략을 알려주지 않는다. 그보다는 좀 더 철학적인 의미에서 돈과 삶에 대해 고민해야 할 주제들을 제시한다.

우리는 살면서 종종 다른 사람의 성공에 상처받는다. 나도 그렇다. 남의 성공 때문에 상처받을 때, 앞에서 나열한 사례들이 보여주는 돈의 중요한 특성을 잘 알아두는 것이 정말 큰 도움이 된다. 이 책을 통해 얼마나 많은 돈을 벌었는지보다 어떻게 돈을 벌었는지를 물어야 한다는 사실을 알게 되진 않았는가? 누군가가 인간(혹은 인류)을 위한 최선의 이익에 기여해 부를 얻었다면, 우리는 그를 친구로 삼아도 된다. 그러므로 당신은 부의 원천이 되는 모든 것들을 비판하는 돈 혐오론자가 될 필요는 없다.

사실 이는 인생에서 매우 중요한 주제다. 그럼에도 사람들이 아직 그다지 많이 관심을 기울이지 않는 것 같다. 다른 사람들의 경제적 성공이나 실패에 대해 우리가 어떤 태도를 견지하느냐는 대단히 중요하다.

나는 돈에 찬성하거나 반대하는 사람들과 많은 대화를 나눠봤다. 그러한 사례연구를 통해 나의 내면이 견고해지는 것을 깨달았다. 내가 언제, 그리고 왜 부의 창출을 존경하는지를 알게 되었다. 그것은 나로 하여금, 필요하다면 자유롭게, 그러나 냉소적이지 않은 태도로 돈에 대해 비판할 수 있도록 해주었다.

내가 얻은 중요한 교훈이 또 하나 있다. 나는 자타공인 '비상업적'이기로 유명한 교육단체를 위해 연구활동을 하고 있다. 어떻게 하면

이 단체가 이익을 증대시킬 수 있는지에 대해 연구 중이다(나의 많은 동료들은 이를 '비참한 타락'이라고 여긴다). 그러나 나는 돈에 관한 다양한 사례연구를 통해 희망적인 방법들, 즉 시장에서 이익을 내는 것이 고상하고 의미 있는 활동이 될 수 있는 여러 방법들을 배웠다. 이는 또한 사고의 방향을 바꾸는 데도 도움을 주었다. 우리는 렉스 모트람의 충고를 받아들여서는 안 된다. 그보다는 랜드마크 트러스트처럼 되려고 노력해야 할 것이다.

이윤을 추구하면서 착한 일을 하는 것이 가능할까? 막연히 할 수 있다고 여기는 것은 너무 순진한 생각이다. 그렇게 하기란 사실 굉장히 어렵다. 하지만 그래도 괜찮다. 왜냐하면 그런 어려운 문제를 해결하는 것이 우리가 해야 할 일이기 때문이다.

*메이페어 런던 하이드파크 동쪽에 위치한 고급 주택가. 런던 사교계를 의미하는 말로도 쓰인다.

How to Worry Less about Money
John Armstrong

그렇다면 이제부터 어떻게 살까?

My Place in the Big Picture

Part 7

부자도 괴롭다

Chap 16 The Problems of the Rich

당신은 부유한가, 가난한가? 스스로를 잘산다고, 또는 가난하다고 느끼는 감정은 어디에서 나오는 것이고, 대체 그 기준은 무엇인가? 이는 당신이 스스로를 어떤 사람과 비교하느냐에 달려 있다. 뉴욕의 어퍼 이스트 사이드Upper East Side를 걷노라면 내가 참 가난하다는 기분이 든다. 반면 좀 허름한 동네나 교외로 차를 몰고 가면 이상하게도 긴장이 풀린다. 이것은 우리가 우리 자신에 대한 생각을 현재의 환경에 따라 재구성reframe하는 경향이 있기 때문이다.

부에 대한 욕구는 대부분 보편적인 것이며, 거의 항상 좌절감으로 이어진다. 때문에 좌절감을 느끼지 않으려면, 개인적 또는 집단적으로 부자들의 고민이나 문제를 마음의 최전방에 배치해두는 것이 아주 중요하다.

하지만 우리는 그렇게 하지 않으려는 경향이 있는데 그것은 '왜 우리가 부자들을 안타깝게 여겨야 하는가?'라고 생각하기 때문이다. 그러나 요점은, 부자들 개개인의 정당함이나 도덕성을 심판하려는 것이 아니다. 부자가 되지 못하는 삶, 그리고 부자가 되고 싶은 헛된 갈망에 사로잡힌 삶에 대비하기 위해서다.

유산의 도덕적 권리

유산으로 받은 부는 잘못된 꼬리표를 달고 온다. '내가 너에게 그것을 주었으므로 나는 죽어서도 네 삶을 조정할 수 있다. 그러니 너는 반드시 나의 기준에 따라 너라는 존재를 판단해야 한다. 나는 네 영혼을 소유했다.' 일종의 '조상의 시샘'이다. 그리고 그들이 제시하는 기준도 너무 높게 책정되어 있다.

유산을 받아 부자가 된 이들은 죄의식을 느끼기 쉽다. 생각이 깊은 사람들의 머릿속에는 '왜 나일까?' 하는 의문이 떠나질 않는다(생각이 깊지 않은 사람은 그 자체가 문제다). 솔직히 그 문제에는 정답이 없다.

그 사람이 부모를 잘 만난 것은 순전히 운일 뿐이다. 유산은 노력으로 얻은 부가 아니기에, 그저 부잣집에서 태어난 '모태부자'는 자신이 누리는 부에 대한 도덕적 권리가 결여되었다고 느낀다.

이들은 자연스럽게 남들에게 질투의 대상이 된다. '다른 사람들은 죽어라고 노력해서 얻는 것을 너는 쉽게 손에 넣었어'라고 생각하는 이들과 끊임없이 부딪쳐야 한다. 질투의 목소리는 위대한 유산을 상속받은 당신에게 계속 말을 건다. '난 네가 싫어. 난 네가 가진 것을 원해. 너는 그런 것을 가질 자격이 없어. 내가 가져야 해. 너는 괴롭고 미안해해야 해. 네가 가진 것을 내가 가질 수만 있다면 난 행복할 텐데….' 다른 사람들이 당신에게 이런 감정을 갖는다는 걸 아는 순간, 무척 당혹스럽지 않을 수 없다.

그럼 이때 답은 무엇일까? 많은 유산을 상속받은 사람은 남들의 반응에 대해 어떻게 느껴야만 하는가?

1. 돈 말고 다른 것도 마찬가지잖아?

하지만 따지고 보면, 돈 외에도 많은 훌륭한 것들이 아무런 인간적인 이유 없이, 불공평하게 분배되어 있다. 예를 들어 뛰어난 외모, 운동신경, 건강, 차분한 성격, 활발한 정신적 욕구와 능력, 평정심을 쉽게 유지하는 성격, 사교성, 기지, 현명하고 자상한 부모 등등. 경제적 상속은 그 많은 것들 중 하나에 불과하다. 그러므로 특별한 경우가 아니다.

2. 이건 내가 선택할 수 있는 게 아니었어!

앞에서도 말했지만, 부자 부모 밑에서 태어난 건 당신이 선택한 게 아니다. 당신 스스로가 유산을 상속받는 데 전혀 관여하지 않았기 때문에, 자신이 선택받은 데 대해 미안해할 필요는 조금도 없다. 오히려 신이나 조상의 은덕이라는 식의 심리적 또는 정신적 부담을 갖지 않도록 노력해야만 한다.

3. 나도 차별받는다고!

다른 사람들로부터 공정하게 평가받지 못할 수도 있다. 이는 인생에서 마주치는 지극히 정상적인 상황이다. 단지 유산 때문에 그런 것은 아니다. 불공평함이라는 건 세상 모든 일에 적용되는 것이므로, 유산 문제에 적용되는 것도 지극히 당연하다.

질투의 노예

우리는 아무리 부자라 해도 질투심으로부터 자유로울 수 없다는 사실에 주목해야 한다. 1930년대 런던 사교계의 명사였던 칩스 채논 Chips Chenon의 일기를 보면 아주 특이하고 재미있는 부분이 있다. 그는 런던에 살던 부유한 미국인인데, 굉장히 아름다운 집에 살면서 호화로운 디너파티를 자주 열었다. 외부에서 봤을 때 아무런 걱정 없는, 가장 매력적인 인생을 사는 사람처럼 보였다. 그러한 그도 일기에 로스차일드 가문* 소유인 멘트모어 타워스 Mentmore Towers의 어마어마하게 웅장한 집에서 묵었던 경험을 이렇게 묘사했다.

"나는 질투심에 두렵고 아프다."

술이 덜 깬 그는 적개심에 불타 금박을 입힌 물 단지를 박살내고 말았다. 그 단지는 나폴레옹이 손을 씻을 때 쓰던 것이라고 한다.

요점은 간단하다. 모든 것을 가졌음에도 채논은 여전히 엄청난 질투심의 노예였다. 이 이야기가 주는 교훈은, 우리는 돈이 자유를 줄 거라 믿지만 실은 그렇지 않다는 것이다. 돈은 사람들을 자유롭게 해주지 않는다. 이런 교훈은 심리적 안전장치가 될 수 있다. 부자들도 돈 문제로 고통을 받는다. 따라서 그들의 운명은 나의 돈 문제에 대한 해결책이 되지 못한다.

채워지지 않는 허기와 제어하기 어려운 방탕

 돈이 많다는 건, 행동의 제약이 줄어든다는 것을 의미하기도 한다. 부유한 사람들은 그들이 원하는 것을 쉽게 할 수 있으니까. 그런데 조금 끔찍한 말이지만, 그것이 대개 그들의 불행을 자초한다.
 욕망과 잘 산다는 것은 아주 불완전한 관계다. 욕망은 쾌락을 목적으로 한다. 반면 잘 산다는 것은 우리가 만들어내는 선에 달려 있다. 욕망을 좇는 모든 기회는, 가치 있는 목적을 이루기 위한 노력, 집중, 헌신, 인내, 자기희생의 대척점에 놓여 있다.
 매일 최고급 레스토랑에서 식사를 하고 샴페인 두 병을 마실 수 있는 경제적 능력을 갖춘 사람들도 많다. 하지만 품위 있는 삶을 살고 싶다면 그런 행동은 자제해야만 하기에, 그들은 매일 유혹과 싸워야 한다. 호화로운 레스토랑이나 비싼 샴페인은 당장은 아주 매력적으

이런 곳에 사는
남자가…!

이곳에 머물면서
질투심에 불타
몸살을 앓았다니!

로 느껴질지도 모른다. 하지만 그것들은 아무런 의미가 없다. 또한 매일 전용기를 타고 원하는 곳이라면 어디든 갈 수도 있다. 하지만 그렇게 하는 목적이 무엇인가? 왜 그러는가? 그들은 늘 이런 고민에 시달릴지도 모른다. '오늘밤은 베니스에서 잘 거야. 아니야. 파리가 더 나을 것 같아. 그럼 파리로 가 볼까?'

가진 게 아무리 많아도 여전히 무언가 부족할 수 있다. '내 전용 제트기는 너무 작아. 내 섬은 이상하게 생겼어. 나는 행복한 가정과 21명의 정부情婦가 필요해. 맘에 안 들면 그를 파멸시키고 싶어. 물론 난 할 수 있지. 국가가 내 돈을 빼앗으려고 해. 나는 내 변호사와 재정 고문을 믿을 수 없어. 그들은 나에게서 돈을 빼앗아가는 것에만 관심이 있어.'

<u>품위와 위엄을 지키는 것에 대한 어려움</u>

우리는 자수성가한 부자를 보며 그가 크게 성공한 사람이라고 생각한다. 그러나 그것은 옳은 생각이 아니다. 돈을 버는 것은 성공의

어떤 종류의 창의성과
경제적인 능력이 결합되어
이 건물을 세울 수 있었을까?

첫 번째 단계에 불과하기 때문이다. 역사적으로 부는 매우 훌륭한 방식으로 발전해왔다. 그리고 정말 위대한 업적이란, 다른 사람들이 그들의 돈으로 한 일과 비교해 평가되어야 한다. 앞의 그림에 나오는 건물은 어떤 부자가 한 일이다.

현재는 열람실이 된 이 도서관은, 품위와 지혜의 상징으로 시련의 세월을 견디며 수많은 사람들에게 영감을 선사해왔다. 물론 그렇게 되기까진 돈이 필요했다. 하지만 돈 말고도 많은 것들이 필요하다. 세상에는 부자가 많다. 많은 부자들이 이 건물을 짓는 업적에 필적하고도 남을 만큼 많은 돈을 갖고 있을 것이다. 그러나 그들은 이러한 일에 별로 관심이 없다. 아니, 자신이 가진 돈에 비해 사회적으로 기여하는 일이 거의 없다.

오늘날 이 도서관에 부자들이 기여한 것은 물리적으로나 금전적으로 그렇게 웅장해 보이지 않을 수도 있다. 이제는 다른 종류의 웅장함이 요구된다. 우리는 주변에서 자선을 베푸는 부자들을 수없이 볼 수 있지만, 그것이야말로 부자들의 문제다. 그들은 진정한 자선가의 수준에 올라야 하지만, 실제로는 그렇지 못한 경우가 많다.

여기서 말하고자 하는 것은, 우리가 부자들을 동정해야 한다는 얘기가 아니다. 그보다 우리는 제인 오스틴이 관심을 가졌던 '위엄'을 함양하려 노력해야 할 것이다.

《오만과 편견》에서 아마도 가장 유명한 장면은 엘리자베스 베넷이 미스터 다아시의 첫 번째 청혼을 거절하는 상황일 것이다. 거절을 통해 그녀는 부자들의 문제점을 지적한다. 미스터 다아시는 이기적이고 자부심이 대단해, 자신이 원하는 것은 무엇이든 다 가질 수 있다고 자신하는 사람이다. 그는 두 사람의 사회적 신분 차이를 무시함으로써(이것은 그가 한 것 중 최고의 판단이었다) 그녀에게 호의를 베풀었다고 자만한다. 엘리자베스는 다아시의 잘못이 무엇인지를 파악해 자신의 위엄을 현명하고 멋지게 지킨다. 그의 부는 아무런 문제가 되지 않았다. 그가 부자이기 때문에 엘리자베스가 그를 거절한 것은 아니라는 말이다.

---

* **로스차일드 가문** 18세기부터 부를 축적해온, 독일-유대계 혈통의 세계 최대의 금융재벌 가문.

가난의 미덕

Chap 17 The Virtues of Poverty

돈 없이도 충만한 인생을 살려고 노력하는 사람들로부터 배우게 되는 뜻밖의 교훈이 있다. 현대사회에서 가난에 대한 두려움은 너무 지나치게 부풀려져 있고 만연해 있다는 것이다. 때문에 가난의 미덕을 마음속 깊은 곳에서 진심으로 인정하기 위해서는, 개인적으로든 집단적으로든 우리 스스로를 교육시켜야 할 필요가 있다.

이는 가난의 고통을 외면하기 위해서가 아니라, 우리 자신의 끊임없는 번뇌에 지혜롭게 대처하기 위한 것이다. 가난의 미덕을 알게 되면, 가난에 대한 두려움이 조금 누그러지면서 약간의 해방감을 느낄 수 있기 때문이다.

어쩔 수 없이 가난을 경험해본 사람이 아니라면, 대체 어떻게 가난의 좋은 점을 알 수 있을까? 가난을 경험해보지 않고 가난의 어떤 점을 좋게 느낄 수 있을까? 가난으로부터 우리가 배울 수 있는 것이 정말 있을까?

현대인들에게는 좀 이상하게 들릴지 모르겠지만, 과거 사람들은 가난을 기아나 굴욕, 걱정의 개념으로 생각하기보다는, 소유에 대한 무관심이나 외면으로 보았다. 예를 들어 아시시의 프란체스코 성자 St. Francis of Assisi는 '자발적인 빈곤은 긍정적인 미덕'이라 여겼다. 13세기 성자들의 삶을 다룬 《완벽의 거울 The mirror of perfection》의 공저자 중 한 명은 책에 이렇게 썼다. "프란체스코 성자는 그 무엇보다 돈을 극도로 혐오했다."

이 책에는 놀라운 에피소드가 하나 나온다. 어느 순례자가 프란체스코 성자가 수도하고 있던 성당에 경건한 헌금의 의미로 제단에 금화를 한 닢 두고 떠났다. 수도승 한 사람이 그 동전을 창문 밖으로 던져버렸다. 그러나 프란체스코 성자는 그것만으로 충분치 않았기에, 수도승에게 '동전을 입으로 물어 올려서 당나귀 똥 위에 올려놓으라'고 명령했다. 그것을 보고 들은 모든 이들은 엄청난 두려움을 느꼈고, 그 후로 돈을 당나귀 똥보다 더 경멸했다.

돈에 대한 이토록 강렬한 혐오는 극도의 완벽함을 추구하는 청빈한 인생관에서부터 비롯된다. 그는 물질적 소유나 선망은 중요하지 않을 뿐 아니라, 아주 위험하며 본질적으로 타락한 것이라 생각했다. 그렇다면 이러한 금욕주의로부터 우리가 배울 수 있는 교훈은 무엇일까?

1. 소유로부터의 자유

돈을 갖는 것, 돈을 쓰는 것, 돈에 집착하는 것으로부터의 자유를 배울 수 있다. 그러나 이런 자유를 얻으려면 돈이 아닌 다른 것에 관심을 가져야 한다. 프란체스코 성자가 가난을 사랑할 수 있었던 이유는, 자연과 단순함을 사랑했기 때문이다. 그는 온 마음을 다해 자연의 질서를 따르고 그 일부가 되기를 원했다. 햇빛, 새, 꽃들은 그가 이상적인 존재로 여기는 것들이었다. 이런 존재에 대한 사랑은 결코 소유ownership로 표현할 수 없다.

2. 현상에 대한 정확한 직시와 훌륭한 통찰

우리는 이 커다란 세상의 소음과 투쟁으로부터 거리를 둠으로써, 사람이나 사물의 본연의 모습을 볼 수 있다. 영국의 시인이자 평론가인 새뮤얼 존슨 박사Dr. Johnson가 무척 가난했을 때 썼던 시 '런던'에서는 매우 훌륭한 통찰을 엿볼 수 있다.

그는 그 시에서 사람들이 연기를 빨아들이기를 좋아하기 때문에 진흙이 튜브(파이프)로 변한 건물이 있고 담배가 자라는 들판이 있다고 말한다. 또한 많은 사람들은 반짝이는 것을 머리에 달면(귀걸이를 의미한다) 생각을 더 잘할 거라 여기기 때문에, 어떤 이들은 엄청나게 아름다운 빛을 발산하는 물건(다이아몬드)을 찾아서 평생 땅을 파고, 또 어떤 사람들은 작은 칸막이 안에서 그 반짝이는 것들(다이아몬드)과 금속 덩어리(금)를 교환한다고 말한다.

이처럼 그는 이 세상의 많은 활동에 잠재된 기괴함을 자기만의 방식으로 이해하고 있다. 그가 가난했을 때 정립한 세상에 대한 독특한 인식은 그를 강렬한 사상가로 키워주었다.

3. 옳다고 생각하는 삶을 지속할 수 있는 독립심

만약 당신이 다른 사람들이 원하는 것을 좋아하지 않는다면, 그 이유는 순수한 것이라 할 수 있다. 고대 로마인들은 킨키나투스 Cincinnatus의 이야기를 사랑했다. 그는 위대한 군인임에도 손수 밭을 갈고 소박한 음식을 먹으며 아주 검소한 삶을 살았다. 로마가 위기에 처했을 때 그에게는 임시 통치권이 주어졌고, 그는 적군을 격파하는 큰 공을 세운 덕분에 엄청난 부를 거머쥐었다. 그러나 그는 그 모든 것을 거부하고 이전의 검소한 삶으로 다시 돌아갔다.

로마인들은 그를 청렴결백의 본보기로 추앙했다. 그러한 추앙과 존경 외에 그에게 줄 수 있는 것은 없었다. 재물은 그가 옳다고 생각하는 삶을 변질시킬 수 있기 때문이었다. 물론 그는 돈으로 매수할 수 있는 사람이 아니었다. 결국 그에게는 돈으로 살 수 없는 무한한 권력이 주어졌다.

이런 사례들이 의미하는 것은 무엇일까? 분명 가난하다고 해서 자동적으로 이런 교훈들을 배울 수 있는 것은 아니다. 여기서 배울 수 있는 인생의 교훈은 자발적인 의지에 관한 것이다. 사람들이 일반적으로 원하는 것을 소유하지 않으려는 자발적 의지는, 가난함을 두려워하지 않는 마음에서 비롯된다. 내면의 안정이 긍정적인 영향을 주는 것도 배울 수 있는 교훈이다. 킨키나투스는 성공, 즉 보상이 없이도 살아갈 수 있었다. 왜냐하면 그의 관심은 다른 데 있었기 때문이다. 그는 외적인 부를 중요하지 않은 것으로 만들어주는, 내면적으로 풍요로운 사람이었다. 물론 가난하다고 다 그런 건 아니고, 이는 존슨 박사나 프란체스코 성자에게서나 찾아볼 수 있는 모습이다. 가난에 잘 대처할 수 있는 이들의 능력은, 돈의 영향을 받지 않는 내면적인 소양에 전적으로 달려 있었다.

이제까지 살펴본 세 사람은, 더 많은 돈을 벌 수 있는 선택권이 있었지만 검소함을 택했다. 그들은 다른 많은 이들이 선택하지 않는 것을 골랐다. 그들 역시 물리적인 가난을 경험했지만, 거기서 느낀 정신적인 경험은 아주 달랐다.

가난한 것이 좋다는 말이 아니다. 위에 소개한 사례들은 아주 보기 드문 경우다. 저렇게 사는 건 결코 쉬운 일도 아니다. 다만 그들이 말해주는 교훈은, 우리가 돈에 대해 신경을 덜 쓸수록 다른 데 더 많이 헌신할 수 있다는 것이다. 이는 돈과의 관계에서 우리에게 무엇을 말해주는가. 이들의 이야기는 돈 걱정과 그 걱정을 어떻게 해결해야 하는지에 관한 문제의 중심으로 우리를 인도한다. 또한 그것은 우리가 이 책에서 이야기해왔던 모든 것과 연결된다.

돈과의 관계, 괴테처럼 균형 잡기

Chap 18 The Intimate Relationship with Money

맨 앞에서 말했듯이, 돈 걱정은 돈 문제와는 다르다. 걱정은 상상이나 감성과 관련이 있다. 걱정은 우리가 어떻게 우리 자신을 다른 사람과 비교하는지, 질투의 위험(때때로 좋은 점이기도 하지만), 우리가 우리의 욕구를 어떻게 이해하는지, 우리가 신경 쓰는 것이 무엇이고 그 이유는 무엇인지, 어떻게 장기적 욕구와 단기적 욕구를 처리할 것인지 등에 관한 것이다.

부자의 괴로움과 가난의 미덕에 대한 생각은, 우리로 하여금 돈과의 관계에서 아주 중요한 것을 이해하도록 돕는다. 관계의 질적 수준은 당신이 어떤 기여를 하고 상대가(이 경우엔 돈) 어떤 기여를 하는지에 달려 있다. 만약 당신이 돈과 좋은 관계를 맺는 데 엄청나게 기여한다면, 가망 없어 보이는 것(가난)과도 아주 좋은 관계를 유지할 수 있을 것이다. 그런데 당신이 기여한 게 별로 없다면 부가 얼마나 많은 것을 약속하는지는 중요치 않다. 왜냐하면 부가 아무리 많은 것을 가져다준다 해도, 당신은 그것으로 의미 있는 일을 아무것도 할 수 없기 때문이다.

관계의 질적 수준을 결정하는 것은 '감정이 얼마나 강렬한가'가 아니다. 프랑스의 소설가 발자크의 대표 소설 《고리오 영감》을 보면, 다락방에서 금덩어리들을 만지며 사는 노인에 대한 아주 재미있는 묘사가 등장한다. 그는 금화를 매만지며 무척 행복해한다. 마치 연인을 쓰다듬는 것과 같다. 그러나 그것은 노인의 강렬한 애착에도 불구하고 아주 끔찍한 관계일 수밖에 없다. 그는 탐욕이라는 일부분(자신의 아주 작은 부분)만으로 삶을 이어가고 있다. 너무 소모적이지 않은가. 자기이해, 지혜, 자비, 친절, 새로운 경험에 대한 욕구 등 좋은 관계에 필요한 거의 모든 것을 외면하고 살아간다니 말이다.

여기서 다시 로마의 부를 손에 넣을 수 있었음에도 농사를 선택했던 킨키나투스를 생각해보자. 그가 그런 선택을 했던 것은, 자신의 욕구를 부인하거나 또는 그렇게 해서 칭송을 받을 거라 기대했기 때문이 아니다. 단순히 그런 선택이 훨씬 즐거웠기 때문이다. 물론 평범한 우리에게는 그나마 킨키나투스처럼 둘 중 하나를 택해야 할 기회가 없을지도 모른다. 그러나 소박한 것은 그리 멋지지 않다는 사실에 아쉬워하지 않는다면, 소박한 것에서 즐거움을 찾을 수 있다. 킨키나투스는 자신의 모든 것을 농사짓는 데 쏟아 붓지 않았던가!

돈 문제는 돈과의 관계에 관한 것이 아니라, 정말 단순히 돈 그 자체에 관한 것이다. 만약 내가 빚더미에 앉아 있는데 돈이 하나도 없다면 난 정말 큰 문제에 빠진 것이다. 그것은 내 인생관이 얼마나 유쾌하고 성숙한지, 내가 얼마나 상상력이 풍부한지, 나의 취향이 얼마나 멋진지 등과는 아무 상관이 없다. 이런 자질들이 아무리 훌륭해도 돈 문제를 해결하는 데는 전혀 도움이 되지 않는다. 더 많은 돈을 벌든지, 개인파산 신청을 하든지 아니면 그냥 파산하는 수밖에 없다.

반면 우리의 돈 걱정은 거의 대부분 관계에 관한 것이다. 이는 대체로 우리 마음속에서 일어나는 일과 연관되어 있다. 그 해결책, 즉 돈에 대해 덜 걱정하는 길은, 우리가 돈과의 관계에 기여하는 방법을 개선하는 것이다.

돈과의 관계에서 우리가 어떤 기여를 할 수 있는지 검토해보자. 좀 더 창의적인 사람이 되고, 더 인내심을 가지고, 경험이 주는 교훈에 더 집중하고, 우리가 좋아하는 것에 더 진지해지고, 우리의 판단에 대해 더 영리해지고 독립적인 생각을 해야 한다. 그러나 가장 중요한 것은, 우리에게 정말 필요한 것이 무엇인지 알아내는 것이다.

얼핏 보면 이런 얘기들이 참으로 한가하고 이상해(정확히 말하면 쓸데없어) 보일 것이다. 분명 돈에 대해 덜 걱정한다는 것은, 돈을 더 많이 벌거나 또는 원하는 것보다 적게 가진 현실과 직면하는 문제이다. 그러나 그렇게 보일지라도 반드시 옳은 것은 아니다.

돈과의 관계는 단지 일부분만 진짜 돈에 관한 것이고, 나머지 대부분은 다른 것들과 관련되어 있기 때문이다. 따라서 우리는 돈을 이해한다는 측면에서 놀랍고도 중요한 도약을 해야 한다. 먼저 우리 자신을 고찰해보고 돈이 우리에게 어떤 의미인지를 생각해봐야 한다.

돈과의 관계에서 가장 이상적인 모델은 볼프강 폰 괴테이다. 그는 돈에 대해 무관심하지도 않지만, 그렇다고 지나치게 걱정하지도 않는 사람이었다. 자신의 경험담을 쓴 글들을 보면, 그가 보수를 많이 받는 문제에 대해 얼마나 단호했는지를 알 수 있다. 그는 부유한 집안 출신이었지만 독립을 원했다. 그래서 돈을 더 많이 벌기 위해 법조인에서 정부 고문관으로 직업을 바꿨다(오늘날을 기준으로 생각해보면 말이 안 되는 얘기겠지만).

그는 살면서 심각한 어려움에 여러 번 직면했다. 그의 첫 번째 소설은 아주 인기가 좋았지만 부당한 저작권법 때문에 돈을 벌지 못했

이상적인 고상함:
우아함과
일에 대한 전념

요한 요셉 쉼러Johann Joseph Schmeller, 비서 존에게 받아쓰게 하고 있는 괴테, 1831년 작품.

다. 그래서 나중에는 더 유리하게 계약을 맺었다. 또한 그는 재정을 처리하는 데 아주 능숙했기 때문에 모든 수입과 지출을 꼼꼼히 기록했다. 옆의 그림에 나오는 멋진 외투를 포함해(그의 서재는 난방이 되지 않았다) 그는 돈으로 살 수 있는 모든 것들을 좋아했다.

그럼에도 돈과 돈 걱정은 그의 내면을 지배하지 못했다. 그는 놀라운 섬세함으로 사랑과 아름다움에 관한 글을 썼다. 반면, 돈에 관해서는 완전히 현실적이고 실용적이었다. 그러면서도 인생에서 더 크고 더 중요한 것을 탐구하는 가치를 소홀히 하지 않았다.

괴테는 분명 우리가 기억해둘 만한 가치가 있는 영웅이다. 왜냐하면 돈과 아주 좋은 관계를 가졌기 때문이다. 그는 돈을 버는 것과 자신에게 정말 중요한 다른 것들에 집중하는 것의 균형을 잘 유지했다.

물론 모든 영웅들이 그렇듯이, 그 또한 역사적으로, 지리적으로, 이데올로기적으로 우리와 충분히 거리를 두었기에, 그의 업적이 더욱 뚜렷하고 대단해 보일지도 모른다. 어쨌거나 그 덕분에 우리는 인생에서 어떤 목적으로 돈과 관계를 맺어야 할지 더욱 분명히 알게 되었다.

더 읽어보면 좋은 책들

1. 문제가 아니라 걱정에 관한 고찰

'문제'에 반대되는 개념인 '걱정'에 대한 내 생각은, 작가이자 정신분석가인 아담 필립스Adam Phillips*의 라디오 대담에서 영감을 얻은 것이다. 그는 뼈다귀를 걱정하는 개의 비유를 들어, 우리가 걱정할 때 무엇을 하고 있는지에 대해 통찰력 있게 지적했다.

***아담 필립스** 영국의 정신분석가이자 문학 비평가, 수필가.

2. 돈 걱정의 진정한 의미

서구 철학의 전통은 소크라테스로부터 시작된다. 소크라테스는 물어볼 것이 없다고 생각하는 문제에 대해 사람들에게 질문을 하도록 만들었다. 그는 '용기'처럼 당대의 사람들이 존경했던 문제를 주제로 삼았다. 그리고 사람들에게 진지하게 질문하도록 했다. '그런데 내게 용기란 무슨 의미일까?' 이러한 접근 방식의 가장 좋은 예가 플라톤의 《공화국》이다. 이 책에서 소크라테스는 '정의란 무엇인가?'라는 질문에 대한 토론을 이끈다. 소크라테스는 우리가 올바른 질문을 하는 데 집중해야만 사고력을 발전시킬 수 있다는 생각을 전폭적으로 지지했다.

3. 돈과 좋은 관계 맺기

돈과의 관계에 대한 나의 일반적인 접근방법은 정신분석학자 도널드 위니콧Donald Winnicott*으로부터 영감을 얻었다. 그에 의하면, 우리는 본질적으로 관계지향적인 창조물이며, 아이디어나 돈 같은 대상과 우리와의 관계는 인간관계와 공통점이 많다. 우리는 아이에게 '수학과 친구가 돼라'고 말하면서, 그런 친구관계를 이상적으로 가능하게 하는 수학 선생님의 역할을 떠올린다. 《놀이와 현실Playing and Reality》은 그의 작업을 이해하기 위한 입문서다.

***도널드 위니콧** 영국의 정신분석학자.

4. 돈이 돈이 아닐 때

누군가가 마음속으로 '돈이란 무엇인가?'라는 질문을 한다. 이를 가장 잘 탐구한 것은, 1967년 TV 드라마로도 멋지게 각색되었던 존 갈스워스John Galsworthy의 책 《포사이트 연대기The Forsyte Saga》다. 주인공 솜즈 포사이트에게 돈은 선함과 바람직함을 의미한다. 그는 첫 번째 결혼에서 문제가 깊어지고 있음을 오랫동안 깨닫지 못했다. 워낙 많은 돈을 벌기에, 아내가 자신에게 불만이 있으리라고는 상상도 하지 못했기 때문이다. 물론 그는 아내가 탐욕스러운 사람이라고는 생각지 않았다. 그는 아내가 사랑을 원한다는 것을 안다. 그러나 그는 아내에게 돈을 줌으로써 아내를 사랑하고 있다고 믿는다.

왜냐하면 그에게 돈과 사랑은 같은 것이기 때문이다.

찰스 디킨스는 이 주제에 아주 능숙한 작가다. 《황폐한 집Bleak House》에서 돈은 정의와 혼동되고, 《리틀 도릿Little Dorrit》에서는 위엄과 혼동된다. 두 가지 모두 참담한 결과를 맞는다.

5. 돈 걱정, 어떻게 벗겨낼 것인가?

돈에 대한 사람들의 무의식적인 태도를 분석하는 과정은 대략 프로이드로부터 비롯된 것이다. 그의 주장을 들어보면, 우리는 현실에서 서로 아주 다른 것들을 무의식적으로 관련시키는데, 바로 그것이 적절하게 처신하는 능력을 손상시킨다고 한다. 프로이드의 《정신분석학 개요》가 좋은 입문서다.

6. 그렇다면, 돈이란 무엇인가?

니얼 퍼거슨Niall Ferguson*의 책 《금융의 지배》는 돈의 정의에 대한 아주 재미있는 토론을 소개하고 있다.

*니얼 퍼거슨 영국의 역사학자. 하버드대학 교수.

7. 삶의 구성요소로서의 돈

1906년 첫 출간된 어니스트 바커 경의 《플라톤과 아리스토텔레스의 정치적 생각The Political Thought of Plato and Aristotle》은 아리스토텔레스의 경제학으로 안내해주는 훌륭한 책이다. 그는 '돈이란 단지 재료일 뿐이다(마치 건물 자재처럼)'라는 아리스토텔레스의 생각이 현실에서 잘 이용될 수도 있고 잘못 이용될 수도 있다고 설명한다.

그러나 돈 그 자체는 그것을 어떻게 해야 하는지에 대해 아무것도 말해주지 않는다. 마치 벽돌더미 자체가 어떻게 아름다운 집을 지을 수 있는지 알려주지 않는 것처럼.

찰스 디킨스는 '구성요소로서의 돈'이라는 접근법을 지지하는 현명한 주창자다. 《올리버 트위스트》의 미스터 브라운로우처럼 대단히 고상한 인물들이나, 《어려운 시절》의 미스터 그래드그라인드와 같은 최악의 악당들이나 모두 똑같이 잘 산다. 차이를 만드는 것은 돈 자체가 아니다.

8. 사랑과 섹스를 돈으로 해결할 수 있나?

제인 오스틴의 《이성과 감성》은 물론 훌륭한 사랑 이야기다. 동시에 금전적인 문제에서 신중함과 방종의 차이를 구별하려고 신중하게 시도하는 책이다. 사실 그녀의 모든 소설들은 경제적으로 이중적인 주제를 갖고 있다. 금전적인 풍요를 행복한 결혼의 필요조건으로 진지하게 언급하는 한편, 그녀의 소설에 나오는 남자 주인공이나 여자 주인공들은 돈 문제로 갈등을 겪는다. 예를 들면《설득Persuasion》에서 웬트워스 대위는 그의 진정한 사랑 앤과 만나기 전에 전쟁을 틈타 큰돈을 벌어야만 했다. 한편으로는《맨스필드 파크》의 크로포드 가족들처럼 부유하지만 인생에서 실패한 사람들의 이야기를 다루는 데 언제나 열정적이다.

9. 나는 그곳에 사는 사람들이 부럽다

우리를 교육시키는 데 질투를 어떻게 이용해야 하는지에 대한 가장 대표적인 이야기는 알랭 드 보통의 책《철학의 위안》의 마지막 장에서 찾아볼 수 있다.

10. 필요 vs. 욕구

욕구체계에 대한 전형적인 설명은, 매슬로우Maslow Abraham[*]가 1943년에 발표한 논문〈인간 동기 이론〉에서 비롯된 것이다.

[*] 매슬로우 에이브러햄 인간의 욕구는 타고난 것이며, 이들은 강도와 중요성에 따라 계층적으로 배열되어 있다고 가정했다.

11. 내 인생에는 돈이 얼마나 필요할까?

부부가 살아가려면 얼마만큼의 돈이 있어야 하는지에 대한 재치 있는 분석은, 1975년에 처음 시작된 TV 코미디 시리즈의 고전 '행복한 인생The Good

Life'에 잘 나타나 있다.

12. 가격 vs. 가치

미술평론가 존 러스킨이 1871년에 발표한 책 《무네라 풀베리스Muneris Pulvera》는 가격과 가치를 다시 연결시키려는 웅대한 시도로 시작한다. 아주 오래된 작품임에도 이 책은 '가치 기반 경제욕구'를 다룬 가장 분명하고 가장 야심 찬 주장으로 평가받고 있다. 진정으로 좋은 것들을 소유할 때 부를 쌓을 수 있다. 그러나 슬프게도 돈은 유해하고 무가치한 것들을 소유하게 만들기도 한다. 그는 이를 '쓸모없는 일용품'이라 불렀다. 그는 생산물의 가격이 수요의 정도에 따라 결정되기보다는, 그것을 만드는 데 얼마나 많은 훌륭한 손재주와 뇌의 노력이 들어가는지에 따라 결정되어야만 한다고 주장한다.

13. 갈망과 두려움

세실 데이 루이스가 번역한 베르길리우스의 《농경시Georgics》를 추천한다.

14. 돈과 의미 있는 삶

알랭 드 보통은 《일의 기쁨과 슬픔》에서, 자본주의는 우리의 좀 더 수준 높은 욕구를 아직 다루지 않고 있지만, 그것은 할 수 있는 일이고 해야만 하는 일이라고 주장했다. 나는 그의 주장에서 아주 깊은 영향을 받았다. 그의 책 《행복의 건축》 마지막 장에서는 돈과 취향과 아름다움 간의 아슬아슬한 관계를 고찰하고 있다.

당신의 영혼을 파는 방법에 대해서는, 발자크의 《잃어버린 환상》(인내심을 가지고 읽기 바란다. 이 소설은 앞부분보다 뒷부분이 훨씬 더 흥미진진하니까.)과 후속편 《창녀의 화려함과 고통 The Splendors and Miseries of Courtesans》에 박진감 넘치고 자세하게 나와 있다.

15. 돈은 윤리적인가?

1981년 TV용으로 각색된 《다시 찾은 브라이즈헤드》에서는 레스토랑 장면이 훌륭하게 묘사되어 있다. 랜드마크 트러스트에 대한 정보는 www.landmarktrust.org.uk를 참조하기 바란다.

16. 부자도 괴롭다

건축역사가 제이 모던트 크룩 J. Mordaunt Crook이 저술한 《신흥 부유층의 부상 The Rise of the Nouveaux Riches》은 19세기 후반 영국의 부와 신분의 갈등에 대해 매력적으로 연구한 책이다. 이 책에서는 초기 기존 엘리트 귀족층이, 급작스런 부를 획득해 기존 질서로 진입하려 하는 신흥 부유층과 섞이는 것을 거부하는 모습을 그리고 있다.

부자들에게 부여된 의무는 벤저민 디즈레일리*가 1845년에 발표한《시빌 Sybil》에 잘 분석되어 있는데, 이 책은 매우 오래전에 나왔음에도 불구하고 여전히 재미있게 읽을 수 있다. 작가는《시빌》에 부유한 사람들과 가난한 사람들을 의미하는 '두 국가'라는 부제를 달았다. 디즈레일리는 섣불리 평등을 주창하지 않았다. 오히려 그는 부자는 사회 전체에 진정한 도덕적 지도력을 제공함으로써, 물질적 우위를 정당화해야 한다고 생각했다. 또한 그는 부자들이 그러한 고상한 의무를 다하지 못하는 것을 단호하게 비난하고 있다.《시빌》은 영국 총리들이 쓴 책들 중에서 단연코 가장 뛰어난 작품이다.

피터 싱어Peter Singer**는《물에 빠진 아이 구하기》라는 책을 통해, 우리는 경제적으로 절박한 모든 사람들에게 엄청난 도덕적 책임이 있다는 예리한 주장을 펼친다. 그것은 부자의 양심에 엄청난 죄책감을 불러일으키려는 의도다.

*벤저민 디즈레일리 영국의 정치가이자 작가.《비비안 그레이Vivian Grey》등 정치소설을 남겼다.
**피터 싱어 오스트레일리아 멜버른 출생의 철학자. 실용 윤리의 전문가다.

17. 가난의 미덕

《완벽의 거울》은 여러 이야기를 모은 모음집으로, 14세기로 거슬러 올라가 아시시의 프란체스코 성자의 삶과 관련된 에피소드들을 다루고 있다. 이 책은 자발적인 가난이 인간의 이상적인 모습이라는 믿음을 우리에게 심어주고 있다.

18. 돈과의 관계, 괴테처럼 균형 잡기

발자크는 《고리오 영감》에서 자신의 부에 탐닉하는 구두쇠의 기쁨을 묘사하고 있다.

괴테는 그의 최고작 《빌헬름 마이스터의 수업시대》에서 돈에 대한 빌헬름의 태도 변화를 기술하고 있다. 빌헬름은 처음에는 상업을 경시하지만, 나중에는 돈이란 세상에 좋은 일이 일어나도록 하는 데 꼭 필요한 구성요소라고 생각해 돈에 대해 존경심을 품게 된다. 결국 그는 건전한 상업 경영으로 세상을 변화시키려는 목적을 가진 강력한 사회개혁 단체의 활동에 관여한다. 18세기 말에 나온 책임에도 불구하고, 그 속에 숨어 있는 주제는 오늘날까지 강력한 영향력을 미친다. 내가 쓴 책 《사랑, 인생, 괴테 Love, Life, Goethe》에서 나는 이러한 주제에 대해 좀 더 자세하게 설명했다.

이미지 출처

이 책에 이미지를 제공해주고 사용을 허락해준 모든 분들께 가슴 깊이 감사드린다.

37, 47, 146, 179쪽: Reproduced courtesy of Julian Scheffer

46쪽: Moon Rising Over the Sea, 1822, by Caspar David Friedrich

(1774–1840) ⓒ Nationalgalerie, Berlin / The Bridgeman Art Library

127쪽: Well Walk ⓒ Roberto Herrett / Alamy

168쪽: The Artist's Brothers, c.1830, by Wilhelm Ferdinand Bendz

(1804–1832) ⓒ Den Hirschsprungske Samling / akg-images

207쪽: Antique shop ⓒ Wildscape / Alamy

213쪽: Royal Crescent ⓒ David Lyons / Alamy

234쪽: The blue and silver dining room at 5 Belgrave Square,

London designed by Stephane Boudin. Photograph

ⓒ A. E. Henson / Country Life Picture Library

235쪽: Mentmore Towers ⓒ Robert Stainforth / Alamy

237쪽: The Radcliffe Camera ⓒ naglestock.com / Alamy

253쪽: Goethe in His Study Dictating to His Secretary John, 1831,

by Johann Joseph Schmeller (1796–1841) ⓒ Stiftung Weimarer

Klassik / akg-images

35, 95, 96, 105, 109, 197, 198쪽: Illustrations and diagrams ⓒ Joana Niemeyer 2011

지은이

존 암스트롱 John Armstrong

저자 존 암스트롱은 멜번 비즈니스 스쿨 교수이자 철학자이며, 멜번 대학 부총장을 역임했다. 예술, 미학, 철학 등에 관한 책을 여러 권 저술했다. 그중에서도 이 책은 그가 평생 쌓아온 인문학과 경영학에 대한 방대하고도 해박한 지식을 바탕으로 돈에 관한 새로운 통찰을 보여준 역작으로 평가받고 있다.

옮긴이
정미우

고려대학교 영어영문학과를 졸업하고 영상번역 전문가로 활동했다. 현재 성균관대학교 번역대학원에서 영상번역 강의를 하고 있으며, 출판번역 에이전시 하니브릿지에서 번역가로 활동하고 있다.

주요 역서로는《위대한 영화감독들의 기상천외한 인생 이야기》,《내 안의 선물: 자기 운명의 주인이 되기 위한 8단계 여정》,《바르샤바로 간 슐레밀》등 다수가 있다.

인생학교 시리즈 각 권 소개

인생학교 | 섹스 | 알랭 드 보통
섹스에 대해 더 깊이 생각해보는 법 How to think more about sex

'섹스'에 관해서 자신이 완벽하게 '정상'이라고 생각하는 사람이 있을까? 현대인의 섹스는 왜 이렇게 어렵고 혼란스러울까? 과연 우리가 모르고 있는 모던 섹스의 리얼리티는? 사랑과 연애에 관한 이 시대 최고의 현자 알랭 드 보통이 알려주는 모던 섹슈얼리티의 딜레마! 사랑과 욕망, 모험과 헌신 사이에서, 21세기적 섹스는 어떻게 균형을 잡을 것인가?

인생학교 | 돈 | 존 암스트롱
돈에 관해 덜 걱정하는 법 How to worry less about money

당신은 돈이 많은가, 적은가? 돈에 집착하는가, 아니면 무관심한가? 문제는 돈과 어떤 관계를 맺느냐다. 돈과 인생, 행복에 관한 매우 놀랍고 새로운 인사이트! 돈에 대한 제대로 된 개념정립과 철학적 고찰이 필요한 시대! 돈에 관한 본능적인 부정, 갈망과 두려움의 실체는 무엇일까? 돈은 사랑, 섹스, 인간관계에 어떤 영향을 줄까?

인생학교 | 일 | 로먼 크르즈나릭
일에서 충만함을 찾는 법 How to find fulfilling work

일이란 무엇인가? 우리는 왜 일을 하며, 일에서 얻는 성취감의 정체는 무엇인가? 인생에서 일이 갖는 가치와 의미, 위상에 관한 가장 근사하고 명쾌한 대답! 이 책은 의미를 찾고 기꺼이 몰입하는 가운데 자유를 느낄 수 있는 일을 찾는 방법을 제시한다. 일에서 성취감을 느끼고 싶은가? 그런 일을 찾아 변화를 시도하고 싶은가? 이 책에 담긴 혜안과 성찰이 당신에게 '천직'에 이르는 길을 보여줄 것이다.

인생학교 | 정신 | 필립파 페리
온전한 정신으로 사는 법 How to stay sane

누구나 종종 우울해지거나, 감정이 폭발하고, 망상에 사로잡혀 '내가 미쳤나?' 하고 걱정한다. 어마어마한 스트레스가 일상이 된 현대인의 위태로운 정신세계! 이 책은 매우 간단하고 현실적인 방법으로 '마음 탐험'을 안내한다. 다양한 심리치유 기법, 지노그램, 명상, 호흡, 대화법 훈련 등을 통해 인생에서 벌어지는 다양한 사건들에 안정적이고 유연하게, 그리고 일관성 있게 대처하도록 돕는다.

인생학교 | 세상 | 존 폴 플린토프
작은 행동으로 세상을 바꾸는 법 How to change the world

세상을 바꾸는 일은 대체 누가 하는 걸까? 그것은 바로 당신이다. 역사의 흐름을 바꾸는 혁명이나 저항은 결국 개개인의 작은 참여와 실천에서 시작되지 않았던가! 이 책은 역사와 정치에서 뽑아낸 매우 새롭고 신선한 통찰을 현대인의 삶과 결합시켜, 패배주의를 극복하는 법부터 198가지 비폭력 저항운동까지, 누구라도 지금 당장 실천할 수 있는 '행동'들을 알려준다.

인생학교 | 시간 | 톰 체트필드
디지털 시대에 살아남는 법 How to thrive in the digital age

당신의 스마트 기기의 노예인가 주인인가? 디지털 시대의 속도와 밀도 속에서 깊이 있는 삶은 지속될 수 있는가? 계속 이렇게 살아도 삶의 본질을 놓치지 않고, 정체성과 자존감을 지킬 수 있을까? 이 책은 디지털 시대의 소통, 적응, 생존에 관해 본격 해부했다. 사회 각 분야에 걸쳐 어떻게 해야 인간다움을 잃지 않을지, 미래에 우리가 어떤 방식으로 존재해야 하는지에 대한 깊이 있는 통찰을 제시한다.

THE SCHOOL OF LIFE How to Worry Less about Money